任彦申 著

从清华园到未名湖

凤凰出版传媒集团
江苏人民出版社

图书在版编目(CIP)数据

从清华园到未名湖 / 任彦申著. —南京:江苏人民出版社,2007.6(2025.11重印)

ISBN 978-7-214-04666-6

Ⅰ. 从… Ⅱ. 任… Ⅲ. 大学—管理—随感—中国 Ⅳ. G647

中国版本图书馆 CIP 数据核字(2007)第 083771 号

书　　名	从清华园到未名湖
著　　者	任彦申
责任编辑	府建明　王翔宇
出版发行	江苏人民出版社
地　　址	南京市湖南路 1 号 A 楼,邮编:210009
照　　排	南京凯建文化发展有限公司
印　　刷	江苏凤凰新华印务集团有限公司
开　　本	960 毫米×1304 毫米　1/32
印　　张	5.625　插页 2
字　　数	100 千字
版　　次	2007 年 6 月第 1 版
印　　次	2025 年 11 月第 30 次印刷
标准书号	ISBN 978-7-214-04666-6
定　　价	26.00 元

(江苏人民出版社图书凡印装错误可向承印厂调换)

目 录

序 ··· 1
自序 ··· 1
我观北大清华 ··· 1
    世人眼中的北大清华 ································· 2
    北大人说北大 ······································· 3
    我观北大清华 ······································· 6
谈谈人才理念 ··· 15
    人才的内涵 ··· 16
    人才何以难得 ······································· 17
    对待人才三原则 ····································· 20
    用人要当其时、当其壮 ······························· 23
    不拘一格方能出人才 ································· 24
    没有宽容就没有人才 ································· 27
关于领导哲学 ··· 32
    领导是最重要的成长环境 ····························· 32
    团结是最重要的成功之道 ····························· 34

用人导向是最重要的政策导向 ······ 38
　　善于欣赏是最高明的领导艺术 ······ 41
　　助人成功是最大的成功 ············ 44
　　亲和力是最重要的影响力 ·········· 47

一把手的艺术 ·························· 52
　　想全局,抓大事 ····················· 53
　　站得高,看得远;睁只眼,闭只眼 ··· 54
　　寻找共识,凝聚合力 ················ 54
　　既要管事,更要管人 ················ 56
　　胸怀宽广,豁达大度 ················ 58
　　不争功,不诿过 ····················· 61

大学管理的误区 ······················· 62
　　自由与民主的混淆 ·················· 62
　　行政权力与学术权力的交叉 ········ 65
　　专家的高明与局限 ·················· 67
　　教师与校长的矛盾 ·················· 69

思潮的困惑与出路 ····················· 72
　　大学的精神使命 ···················· 72
　　文化高地的风采与伤痛 ············· 74
　　文化振兴的根本之道 ··············· 77
　　多元激荡的文化发展趋势 ·········· 82

处理思潮问题的经验教训 …………………… 87

学潮的风险与对策 …………………………………… 94
　　学潮发生的原因是什么 ……………………… 94
　　学潮的风险在哪里 …………………………… 101
　　处理学潮应把握哪些原则 …………………… 108

大学何去何从 ……………………………………… 121
　　大学的社会功能是什么 ……………………… 121
　　大学要不要多元筹资 ………………………… 126
　　产、学、研结合要不要实行 ………………… 131

十年的记忆 ………………………………………… 137
　　沉重的使命 …………………………………… 138
　　调整角色,转变形象 ………………………… 141
　　重要的里程碑 ………………………………… 146
　　向世界一流大学进军 ………………………… 150

序

任彦申同志在北京大学任职十年，担任六年党委书记。北京大学是藏龙卧虎之地，当北大领导殊为不易，更何况这十年是北大最困难的时期之一呢！纵观历史，北京大学第一把手多在内部或外部压力下黯然离去，"好进不好出"成为一种社会评价了。然而，上世纪90年代，是北京大学取得自身和平发展的重要时期之一。当然不能都归功于他，但他也有一份不可忘记的贡献。他调离的时候，许多北大师生依依难舍，至今我还听到一些北大人怀念他，这真是不容易的事啊！

当年我就建议他写一本书《北大十年》，写下自己在北大的酸甜苦辣辛，那将是中国大学教育难得的"案例教育"。他坚决拒绝。这其中的难处是可以理解的。写成官样文章，鲜活的经验与教训都没有了；如实地写，左右上下都碰不起。这就是市面上出版的许多"回忆录"成了回忆官方文件、失去其鲜活历史价值之原因所在，这也是中国人老付学费而难有长进的一个重要原因。但我不死心，见面时常常重提此事。可任彦申同志公务繁忙，也难以提笔。现在，他终于写出《从清华园到未名湖》，邀我作序，令我无上荣幸，也无上高兴。

我认真地从头到尾读了一遍。虽然许多话，我曾听过，有的还听过多遍，但读着读着仍不时拍案叫绝，兴奋不已。好书！好书！好书！

文如其人。他对党的事业的忠诚，不是表现为做党的文件的传声筒，不是唯上级的话是从，而是以自己创造性的工作，恪尽职守。他一生为官，但绝不是政客，更不是官僚。他思维睿智、谈吐幽默、为人宽厚，这是接触他的人有口皆碑的。他说的是自己的话，但闪烁着马克思主义的光辉；他做的事总有个性的烙印，但始终与党中央保持着政治上的高度一致。这样的干部是不多的。任彦申同志在本书中写道："一个受人拥戴的领导者，应当有声有色地工作，有滋有味地生活，有情有义地交往。"我看他自己就是这样一位领导者。看他的这本书，写得有声有色、有滋有味、有情有义。再加上一句：有痛有痒。

有痛有痒地写作，说好说，写不易。难怪孔老夫子一生"述而不作"了。《从清华园到未名湖》也回避了许多酸甜苦辣辛的人与事，但读起来，绝对有痛有痒。任彦申同志是以自己的人生感悟来写的，但读者可以感受到句句都有他经历的人事为依据。许多话可以作为传世的格言，读者们都可以联系自己的经历和身边的人事获得深刻的共鸣。

《从清华园到未名湖》，书名好像是回忆录，但别当一般回忆录看。

这是一本领导科学著作。不仅是大学的领导者，"知识分子成堆"的单位的领导者，乃至各行各业的领导者，都值得一读，对改进自己领导工作是绝对有帮助的。

这是一本政治学著作。政治家们应该如何认识大学教育的社会功能、如何领导和发展大学教育事业、如何应对社会思潮和学潮，以至如何认识和对待知识、知识分子以及知识经济……这里都有精辟的见解，可供举一反三。

这是一本教育学著作。大学教育自不待言，其中许多观点对于各类教育也有普遍的意义。

这是一本人才社会学著作。不仅可以解青年学子成才之渴，就是对已经成才成名的专家学者也不无教益。

这是一本关于中国社会主义改革和改革者身心磨难历练的历史书。

这是一本有相当学术深度的书,又应是一本做人处事的畅销书。

这究竟是一本什么书?这是一本任彦申同志写的处女作——《从清华园到未名湖》!

2007 年 4 月 22 日

自　序

我从上大学至今，四十多年来工作几经变动，但始终把家安在清华园里。在我三十七年的工作生涯中，有三分之二的时间是在清华、北大任职，其中在清华任职十五年，在北大任职近十年。虽然不敢说得了清华、北大的真谛，但清华、北大给我打下的思想烙印是深刻的、长久的、难以磨灭的，在自己身上总抹不掉清华、北大的某些习气。

我永远感谢大学精神对我的熏陶感染，是她给了我一种追求知识，追求真理，追求弄个清楚、活个明白的不懈动力。

我永远留恋大学中的那种氛围：充满着理想，充满着灵气，充满着青春的活力。扑面而来的新知识、新理念使你的头脑免于僵化，活力四射、才华横溢的青年学生使你的心态保持年轻。

我永远珍惜在大学中形成的师生关系和同学关系。在一切人际关系中，最纯真的关系莫过于师生关系。

老师总是把最美好的东西教给学生，从不嫉妒学生的成功，也从不企求学生的回报。世上最平等的关系莫过于同学关系，它很少沾染功名利禄的俗气。不管你官大官小、钱多钱少，同学永远是同学，在同学之间永恒的法则就是"序齿不序爵"。

北大和清华，是中国两所实力最强、声望最高、影响力最大的大学，也是两所特色鲜明、极具精神魅力的大学。美国人常说："先有哈佛，后有美利坚。"这不仅是指哈佛大学的历史早于美国，更深刻的寓意是说哈佛大学的精神引领了美国的成长。北京大学倡导的民主科学精神，遵循的"思想自由，兼容并包"原则，不仅开启了中国文化的新潮流，而且深刻地影响了中国百年来的历史进程。清华大学"自强不息，厚德载物"的校训，不仅体现了中华文化的精髓，而且反映了清华勇攀高峰又脚踏实地的"顶天立地"精神。北大、清华的历史说明，一所著名学府对民族复兴、国家发展有着多么巨大的影响！

管理大学是一门复杂的学问，是一项困难的职业。

目前我国大学的管理者几乎都是从教师中选拔出来的。他们的优点是熟悉教学科研，同师生保持着天然的密切联系。他们的缺点是没有受过系统的大学管理培训，缺乏必要的领导知识和管理经验，加之许多人都是"双肩挑"干部，担负着一定的教学科研任务，很难集中精力从事管理工作。如果你是一个学者，精力不集中只是影响个人的发展。如果你是一名大学的党委书记或校长，那么精力不集中就会贻误学校整体的事业。

一个好教授未必是一个好校长。即使是诺贝尔奖获得者也未必能领导好大学。曾任北大校长的严复认为："治学之材与治事之材，恒不能相兼。尝有观理极深，虑事极审，宏通渊粹，通贯万物之人，授之以事，未必即胜任而愉快。"他本人也许就是一个"未必即胜任而愉快"的校长。

一所大学，有数十个学科专业，隔行如隔山，大学的党委书记和校长即使有很深的专业背景和学术造诣，也不可能通晓所有的专业。作为大学的管理者，不能只是一个专家、专才，而应当是一个通才，具有超越本专业局限、进行跨学科对话的能力；应当是一位教育管理专家和公共事务专家；应当懂政治、懂管理、懂教育、懂人才，熟悉办学规律、学术发展规律和人才成长规律。办好大学，不但需要有一批优秀的学术骨干，而且必须有一批优秀的管理骨干。如果没有精明强干的管理队伍，就无法建立起规范高效的运行秩序，就无法把学校的各种有形资产和无形资产整合好、调配好，以求得最佳办学效益。

在一些人看来，大学似乎是一个"世外桃源"，学生比较单纯，教师比较清高，文化人知书达礼，管理大学想必是一件很轻松的事情。其实不然。大学管理属于一个非常特殊的管理领域，没有在大学工作过的人很难体会到这一点。

就管理的权威性、有效性而言，社会各类单位可分为两个端点：一端是军队，另一端是大学。军队的管理是一个垂直系统，有令必行，有禁必止，军令如山倒，理解要执行，不理解也要执行。而大学的管理则是一个纵横交错的网络，在教师的头脑中，权力观念、等级意识非常淡薄，他们往往既不令，也不从。在军队中首长一句话就能办成的事，在大学中费很多口舌也未必能办成。在大学中经常过剩的产品就是"主意"。主意太多，各执己见，很难达成共识。许多问题都需要经过反反复复的磋商才能形成决议，议而不决、决而不行、行而不果的现象是屡见不鲜的。这方面倒有点像联合国的安理会，经常进行"马拉松"式的一般性辩论，人人都有发言权，人人似乎也有否决权，好不容易达成的决议常常如同一纸空文，束之高阁。大学的领导既要尊重思想自由，勇于发扬民主，又要善于集中意志。没有民主自由办不好事情，没有集中意志也办不成事情。

在大学管理中往往存在着这样几种误区：

一是学术自由和政治民主的混淆。二者彼此越位，把各自的适用范围和运行规则搞乱了。

二是行政权力和学术权力的交叉。二者划分不合理，运行不规范，相互脱节，形不成合力，带来管理的混乱。

三是由于"专家的高明和局限"带来了诸多的麻烦。如果不尊重专家，不借助专家的智慧，那是愚蠢的；而专家们意见的综合又往往是不伦不类，令人无所适从。

四是教师和校长的矛盾。二者在思维方式和行为方式上存在着很大的落差。

在各类人群中，最难带领的队伍可能就是专家学者了。他们从事的是以个体为主的脑力劳动，有着充分的自由自主空间。对于脑力劳动的管理，既不能采取计时制，也不能采取计件制，更无法进行过程监控，主要是看成果、看效果。对于教授的工作，与其说是

"管",不如说是"理",以礼相待,以理服人,以情感人,以文化人。在很多情况下,大学的管理不是凭借权力来推行的,而是依靠领导者的说服力、影响力、人格魅力以及在教育界的声望来实现的。

如何应对此起彼伏的思潮和突如其来的学潮,这是大学管理中最大的困难和风险,也是对大学党委书记和校长政治水平和领导能力的最严峻考验。不少大学的领导者栽跟头就栽在这两个问题上。

学潮是各国共有的一种社会现象,可以说只要有大学,只要有学生,就免不了会有学潮。学潮不是孤立的学生行为,也不只是因为大学治校无方所致。大学是政治的晴雨表,大学生是社会的"扁桃体"。学潮是社会矛盾积累到一定程度的爆发,是社会思潮和群众情绪的外化表现。如果因为社会政治问题引发学潮,学校当局的处境将非常尴尬,常常左右为难,手足无措。如果态度不鲜明,处理不果断,可能引发乱子,造成难以预料的后果,学校领导难辞其咎。如果处之太急,下手太重,又会招致师生的强烈不满,以后的日子非常难过。学校当局在处理学潮中要让上面和下面都满意是很难做到的。如果上面基本认可又不大满意,下面不大满意又大体能够接受,那可能就是比较理想的结果了。

大学是思想最活跃的地方,是社会的"思潮码头"。这种多元思想文化相互碰撞的局面和宽松自由的学术环境,是知识创新的必要条件,但也会带来活跃与混乱并存、真理和谬误交织的复杂状况。作为大学的领导者,如何正确贯彻"百花齐放,百家争鸣"的方针,处理好"提倡多样化"和"弘扬主旋律"、"研究无禁区"和"课堂有纪律"的关系,如何对待超前的理论探索和形形色色的错误思潮,是一件颇费脑筋的事情,常常会处于上面批评、下面抱怨的境地。

20世纪八九十年代,是一个思潮迭出的时期。围绕着体制改革的模式和国家的发展道路,围绕着大学自身的改革发展,围绕着对历史问题的评价和对外来思想的评介,人们争论不休。今天情况大不相同了。我国改革开放的伟大实践回答了过去众多的争论,广大人民群众在自己观察体验的基础上重建了民族的自信和自尊,邓小平理论和"三个代表"重要思想日益深入人心,人们终于可以放下历史的包袱,超越已往的是非,走出争论的误区了。邓小平说:"不搞争论,是我的一个发明。"真理并不总是越辩越明,越争越清,弄得不好可能越辩越糊涂,把事情复杂化了。归根到底，实践才是检验真理的唯一标准。对于某些理论争鸣和思想困惑，除非是干扰大局、具有现实危险性的，一般不必匆匆忙忙判断，匆匆忙忙发落，急于决出个是非输赢，更不要轻易地采用政治批判、组织处理的手段简单粗暴地加以对待。不妨宽以时日，时间和实践最终会验明真理，还以公正。

大学是人才荟萃之地，是依托现有人才造就未来人才的地方。在大学中，最基本、最重大的政策就是知识分子政策，"尊重知识，尊重人才"是大学永恒的主旋律。大学的领导不仅要有爱才如命、求贤若渴的精神，而且要有正确的人才观念，有一套识才、育才、用才、护才的本领。人们常讲"人才难得"，其实一般的人才并不难得，真正难得的是那种卓尔不群、出类拔萃的将才帅才、创新人才、天才奇才。这种人才之所以难得，一是因为稀少，二是因为凡眼不识、世俗难容。

"尊重知识，尊重人才"，这是我国的基本国策，是当今社会最流行的口号之一。然而对于什么是"尊重知识，尊重人才"，怎样才能做到"尊重知识，尊重人才"，很多人并没有认真地思考过。我们经常发现，有些人只尊重和自己意见相同的知识，而对那些和自己意见相左的知识则不予尊重；只尊重那些听话的人才，而对那些有棱有角、不大听话的人才则予以嫌弃，本事再大也不予重用。要真正做到"尊重知识，尊重人才"，关键是尊重学术自由的原则，承认文化的多元性和人才的多样性，敢于不拘一格用人才。如果我们的社会都能像大学那样给优秀人才以崇高的地位和尊严，所有的领导干部都能像大学那样尊师重道、礼贤下士，那必将大大加快科教兴国、人才强国的步伐。

当今世界，大学的功能正在经历着一场革命性的变化，新世纪的大学面临着何去何从的新的选择。知识经济的兴起把大学推向了社会舞台的中心位置，使大学成为经济、社会发展的发动机。我国科教兴国战略的实行对大学来讲，既是难得的发展机遇，也提出了更多更高的要求。在今天，无论是脱离社会的大学，还是脱离大学的社会，都是注定没有前途的。我们的大学必须充分认识自己担负的多重社会使命，更新办学理念，不断深化教育体制改革和教学改革，全面发挥和开拓人才培养、科学研究和社会服务这三大基本功能，使大学真正成为培养高素质创造性人才的摇篮、传播先进文化的阵地、知识创新的前沿、推动科技成果转化的基地、中外文化交流的桥梁、社会的思想库和智囊团。

这本书的内容，主要是基于自己在大学工作的感受以及离开大学后的再度思考，难免是一孔之见、一家之言。书中的观点，有些来自成功的经验，有些来自失误的教训，有些是自己的亲身体验，有些是作为旁观者的感悟。回顾几十年的人生经历，有成有败，有顺有逆，有慰藉也有遗憾。回想见识过的人和事，五光十色，从多方位折射出做人做事的道理。过去事务缠身，无暇整理这些零零碎碎的想法。身在其位，有些话也不便直言。今日得宽余，终于可以把过去的所见所闻、切身经验、零碎感受加以整理，从中挑选出一些自以为最有价值的东西加以提炼。这并非是为了自我欣赏，而是从中回味人生的意义，对后来人或许也有某种借鉴价值。"不识庐山真面目，只缘身在此山中。"过去置身其中思虑不清的问题，今天超脱出来，也便豁然明朗了。

我不想做一篇冠冕堂皇的官样文章，或是写一些不疼不痒、除了自己之外谁都不感兴趣的东西。我不敢说书中的看法都是对的，但力求做到直言不讳、实话实说。我不求体系的完整，只求有点用处。我希望在大学和政府之间，在大学和社会之间能搭起一座对话沟通的桥梁。如果读了这本书，人们对大学精神和人才观念多一点认识，对大学的党委书记和校长多一点理解和支持，而其他领导干部能从中获得一点参考价值，那我就心满意足了。

2007年4月

我观北大清华

北大和清华无疑是中国两所实力最强、影响最大、声望最高的大学，而且特色鲜明，个性迥异，各具独特的精神魅力。

在20世纪90年代中国高校合并之风最盛时，有人曾建议把北大、清华合并起来，优势互补，文理兼长，认为如此必可组成中国高校中的一艘超级航空母舰，所向无敌。但这个建议遭到两校师生的广泛反对。的确，如果把北大、清华合二为一，不仅损失了"北大"和"清华"这两块金字招牌，丢掉价值难以估量的无形资产，而且会磨灭两校鲜明的个性和特色，产生"一加一小于二"的负效应。我在北大工作时，一位领导同志曾意味深长地对我说，中国不能没有北大，但北大这样的学校多了也不行。

世人眼中的北大清华

因为北大和清华名声很大,社会各界对它们的关注度也格外高,有关北大、清华的人才怪杰、奇闻轶事也成了人们茶余饭后谈论的一大热题,不仅知识界、读书人乐此不疲,即使和北大、清华从不沾边的人也常常发表一些奇谈妙论。下面不妨列举若干种流行的关于北大清华特点的说法:

北大是一首诗歌,清华是一篇论文。

北大是思想家的沃土,清华是工程师的摇篮。

北大的哲学是:在批判旧世界中发现新世界;清华的哲学是:重要的是建设一个新世界。

北大洒脱狂放,外向力强;清华严谨务实,内聚力大。

北大重个性发展,清华重团队精神;北大管理松散,清华纪律严明;北大人喜欢一鸣惊人,清华人处世平和。

北大学生长短随意,清华学生整齐划一;北大学生奇才怪才多,清华学生成功率高。

这些说法,大抵是街谈巷议,"仁者见仁,智者见智","只知其一,不知其二",既谈不上客观准确,也用不着统一认识。

其实,北大、清华都如同一部厚重的书,博大精深,多姿多彩,绝不是用一两句话就能概括的。至于两校的精神,许多也是只可意会不可言传的。如果非要简化地加以表述,难免不得要领,画了毛皮而丢了神韵。

北大人说北大

对于北大的校风、校格、精神、主义、传统、特色,北大的师生也在不断地研究概括,进行自我评价、自我描绘。下面选取一些北大人自己看自己的说法:

马寅初(曾任北大校长):回忆母校自蔡先生执掌校务以来,力图改革,五四运动,打倒卖国贼,作人民思想之先导,此种虽斧钺加身毫无顾忌之精神,国家可灭亡,而此精神当永久不死。既然有精神,必有主义,所谓北大主义者,即牺牲主义也。服务于国家社会,不顾一己之私利,勇敢在前,以达其至高之鹄的。

鲁迅(曾执教北大):北大自有其值得骄傲的校格。"第一,北大是常为新的,改进的运动的先锋,要使中国向着好的，往上的道路走。""第二，北大是常与黑暗势力抗战的，即使只有自己。"

蒋梦麟（曾任北大校长）：北大屡经风雨，至今仍巍然独存，绝非偶然之事，有两大原因：一是大度包容，二是思想自由。我们有了这两种特点，因此而产生两种缺点。能容则择宽而纪律弛，思想自由则个性发达而群治弛。

周作人（曾执教北大）：我觉得北大是有独特的价值的。这是什么呢？我一时也说不很清楚，只可以说他走着他自己的路，他不做人家所做的而做人家所不做的事。北大的学风仿佛有点迂阔似的，有些明其道不计其功的气概，肯冒点险却并不想获益。

陈平原（现任北大教授）：自从新文化运动名扬四海，世人多以"民主"与"科学"嘉许北大。可在我看来，在日常生活中，绝大部分的北大人，更看重的是"独立"与"自由"。时人多以北大与清华作比较，后者的整齐划一、井井有条，恰好与前者的长短随意、不衫不履形成了鲜明的对照。北大人的"散漫"，与其说是对规章制度的蔑视，不如说是出于追求"自由"与"独立"的天性。

在北大的校史、校刊和各种回忆录中，也有对北大传统的种种表述，其中《北京大学概况》中把北大的特点概括为：(1)独立精神；(2)有特别见解；(3)做事有坚强之毅力；(4)服从真理；(5)气量宽宏。

在北京大学百年校庆之际，人们对北大的传统又有一次广泛的讨论，其中共识度最高的是：爱国进步、民主科学、思想自由、兼容并包。尽管中国所有的大学都有着爱国进步的精神，但像北大这样始终以天下兴亡为己任，"铁肩担道义，妙手著文章"，充满着勇往直前的牺牲主义精神的，确实是罕见的。自从"五四"运动中北大率先举起"民主"、"科学"这两面大旗以来，近百年来，北大始终笃行着民主和科学精神，使之成为北大文化中永久不息的主旋律。至于蔡元培先生所倡导的"循思想自由原则，取兼容并包主义"，更是深入到北大师生的血脉之中，生生不息，代代相传，成为北大精神中最鲜明的符号。尽管各个大学的校风、传统都有某些相似和共同之处，但如果你提到"爱国进步、民主科学、思想自由、兼容并包"这些字眼，人们对号入座，首先想到的一定是北京大学。

人贵有自知之明。北大人对北大的自我评价，纵然有人所不及的深刻、精辟、传神、到位之处，但也不乏有自我优越、自我表扬、自我偏爱的成分。至于把北大人狂傲、偏激、自由散漫、我行我素、不合群等缺点也看作是优点加以自我欣赏，那就有失偏颇了。当然，一所大学的风格、特色是日积月累而成的，已经成为一种传统和惯性，不是哪个人想改就马上改得了的。特点就是特点，也不是简单地用优点和缺点就可以评价的。但任何单位都不能固步自封、墨守成规，必须与时俱进、人文日新，才能永葆生机和活力。

我观北大清华

我在北大工作期间，不时有人告诫我"不能把北大办成清华"，我以为这是重要的提醒，也是重要的办学原则。大学最忌讳的是千校一面，用一个模子复制。我们既不能把北大办成清华，也不能把清华办成北大。北大清华应当各有千秋，各具魅力，各领风骚。

我先后在清华、北大求学就职三十年，也许是因为我对清华、北大都比较熟悉，因此经常有人问我对两校的看法。

北大在戊戌变法中应运而生，是从封建时代的太学、国子监演变而来的，她是中国第一所国立综合性大学。清华建立于1911年，是用美国人退还的"庚子赔款"余额创建的,从最初的留美预备学校演变为大学。这些先天因素对后天个性必然产生影响。在历史上就曾有"北大老、清华洋"的说法。

北大历来以文理学科为主、以基础研究见长,重学而不重政、重道而不重势、重学而不重术,可以说是北大的传统。蔡元培认为,学与术可分为两个名词,学为学理,术为应用。文理二科,专属学理;其他各科,偏致应用。治学者方可为"大学",治术者只不过是"高等专门学校"。他虽然也说过要学、术并进,但实际上看不起应用学科。在北大,重理学轻实学、重科学轻技术、重基础研究轻应用研究的办学思想是根深蒂固的。

上世纪50年代初高校院系大调整之后,北大成为一所以文理基础学科为主的大学,文科由文史哲当家,理科由数理化当家,工程技术类学科和偏重应用的学科大多被剥离出去。而清华基本上成了一所工程技术大学,理科保留了一点,而哲学和人文社科类的学科统统被剥离出去。北大、清华的这种学科特点也必然影响到各自的思想方法、行为方式和价值尺度。如果说科学的使命侧重于认识世界,那么工程技术的使命则侧重于改造世界。因此,北大更看重在认识世界方面有什么新思想、新见解，而清华更注重在改造世界方面有什么新方案、新成效。

北大思想解放、思路活跃、务虚能力较强，喜欢坐而论道，往往想法多、办法少，醒得早、起得晚。清华则严谨务实，虽然想法不如北大多，但办法比北大多，想得到也能办得成。如果能把北大的"想法"和清华的"办法"结合起来，势必如虎添翼。

北大和清华都有着很强的自信心和自尊心，但表现形式大不一样。清华不但自我感觉好，而且很关注别人的评价。北大对自己有充分的自信，不在乎别人说什么，反正北大就是这样。清华注意内外有别，"家丑不可外扬"，尽管内部也有不同意见，但对外的声音常常是一致的。如果哪个清华人在外面说了清华的坏话，就会触犯众怒，招致"群起而攻之"。而北大则内外无别，常常"内战外打"，北大人在外面说北大的坏话是常有的事，人们似乎也无所谓。在一些评奖、评优、举荐人才的活动中，因为来自北大的评委揭自己的短，而使北大落败的事情时有发生，这在清华是难以想象的。如果上级部门到北大、清华考察人才，在北大考察的结果往往是"虽然……但是……"，而在清华考察的结果往往是"不但……而且……"。

北大包容性较强，颇有"万物并育而不相害，道并行而不相悖"的风度，各种不同意见都允许发表，形形色色的人包括怪诞不羁的人都允许存在，很难统一认识、统一指挥、统一行动。而在清华，校方意图具有较大的权威性，对某个问题能形成强大的主旋律，在困难时能够万众一心，集体行动，甚至逆流而进。但对于不同意见和持不同意见的人，有时则缺乏必要的宽容。

北大和清华都地处北京市海淀区，经常要同市、区、乡镇、街道打交道，没有地方当局的支持寸步难行。如何处理好同地方当局的关系，是个大问题。如果学校自命清高，凡事走上层路线，那麻烦就多了。海淀区的一位领导对我讲，清华从区里得到的实惠要比北大多，而区里对清华的印象要比北大好，为什么？北大太清高，对地方当局总喜欢提意见、提要求、讲道理，缺乏尊重，不会说"感谢"二字，似乎别人为北大做事都是应当的。道理很重要，但光讲道理是办不成事的。他希望北大以后在同地方当局打交道时换个思路：第一，学会尊重，善交朋友；第二，互利共赢，共同发展；第三，才是讲道理，以理服人，照理行事。清华在同社会打交道时，要比北大精明、务实得多。

近年来，一批清华毕业的人步入中国政坛的高层，非常令人注目，而北大毕业的高官则很少，于是有人便发出"北大荒"的感慨。为什么会出现这种现象呢？

首先，这同中国社会发展的进程有关。在新中国建立初期，那是"革命家治国"的阶段，大批搞革命、打天下的功臣走上领导岗位。那时候人们更关注干部的革命经历，而不大注重教育背景。进入20世纪80年代以后，我国转入以经济建设为中心、加快推进工业化进程的时期，这个时期可以说是"硬专家治国"阶段，许多有工程技术背景的工程师进入政坛，这时候清华具有明显的优势。进入21世纪之后，中国开始向现代化社会过渡，逐步进入"软专家治国"阶段，具有法学、商学、经济学、政治学以及现代科技背景的人正在步入政坛。在新时期，北大、清华各有千秋，北大的后发优势也开始显现。其实，不论具有清华学历或是具有北大学历的领导人，大多数并不是从学校直接进入政坛的，而是在长期社会实践中涌现出来的。"时势造英雄"，是社会发展对领导者素质的要求决定了领导层的构成。

其次，北大、清华不同的办学传统也对学生的从政历程起了很大影响。北大是在废科举、兴学堂的背景下诞生的,是封建科举制度的直接对立物。然而在创建初期,仍然沿袭科举陋习,以读书做官为目的。蔡元培先生主持校政后,下决心实行官学分离,切断与官场的直接联系,摈弃"读书做官"的传统,清除科举制度的积弊,这是北大的一个划时代进步。然而,在北大步入现代大学的轨道后,如果仍然沿袭"北大不培养做官的"这一办学理念,那就不合时宜了。任何一个国家的重点综合性大学,如美国的哈佛大学、耶鲁大学,英国的牛津大学、剑桥大学,不但要培养杰出的学者、科学家,也要培养优秀的经理、企业家,还要培养杰出的政治家、行政家。耶鲁大学创建之初就提出,学校的使命就是"为国家和世界培养领袖"。果然在耶鲁大学的毕业生中,产生了8位美国和其他国家的元首,530名美国国会议员。后来,耶鲁大学又提出它的基本使命是"保护、传授、推进、丰富知识和文化"。哈佛大学在三百多年的历史中,不仅造就了37位诺贝尔奖获得者,而且从校友中产生了7位美国总统和外国元首,同时还培养了无数的优秀企业家,从而形成了人才济济、硕果累累、财源滚滚的盛大景象。

特别应当提到的是，清华从20世纪50年代起，蒋南翔校长就创造了一种干部"双肩挑"制度，从学生和青年教师中挑选一批政治素质好、业务能力强又有管理才能的人担任"双肩挑"干部，并有相应的政策作保证，从而造就了一批复合型人才。这些人走向社会后，很快显示了自己的综合优势。当今活跃在中国政坛高层的清华毕业生，大多在学校受过"双肩挑"的训练。

世界上的著名大学风格各异，但有着共同的大学精神。哈佛大学的校训是"让真理与你为友"；芝加哥大学的校训是"让知识充实你的人生"；剑桥大学的校训是"求知学习的理想圣地"；斯坦福大学的校训是"愿学术自由之风劲吹"；加州理工学院的校训是"真理使人自由"；悉尼大学的校训是"繁星纵变，智慧永恒"。从这些著名大学的校训中，我们看到了一种共同的大学理念，这就是崇尚真理、追求知识、珍视人才、热爱自由、启迪智慧、引导人生。

北大和清华不仅有"异"，而且有"同"，在本质上有着许多相通之处。这两所大学都鲜明地体现着中国知识分子"天下兴亡，匹夫有责"的爱国情操和高度的社会责任感，都充满着追求真理、崇尚知识、珍视人才、关爱学生的大学精神。北大的"兼容并包"与清华的"厚德载物",北大的"敢为人先"与清华的"自强不息"何其相似!追求卓越、争创一流、志向远大、锐意创新、功底扎实、注重后劲等等,这些都是北大和清华共同的办学思想。

北大和清华既是势均力敌的竞争对手,又是很好的合作伙伴,彼此都把对方作为最重要的参照系。在长期的历史中,北大与清华在客观上形成了唇齿相依、荣辱与共的兄弟关系。在过去的政治运动中,如果北大遭到厄运,清华也大抵在劫难逃。今天,不仅社会上的人们已经习惯于将北大和清华相提并论,而且政府在出台有关大学的政策措施时,也总是对北大和清华一视同仁,尽可能"一碗水端平"。比如实施"211工程"时,教育部对两校的拨款均为3.5亿元;实施"985计划"一期项目时,国家对两校的投入也均为18亿元。

北大和清华一墙之隔,校园犬牙交错,彼此声息相通,人员你中有我、我中有你。清华的成就是对北大的鞭策,北大的成就也是对清华的激励。清华发生的事情对北大来讲既是"外交",也是"内政",反之亦是如此。北大的师生常以清华的经验批评北大领导

"治校无方"，清华的师生也常以北大的突破责怪清华领导抓事不力。在一些重大政策举措出台之前，两校都会主动了解对方的动向，弄清对方的虚实。以至于北大和清华在入冬时哪一天开始供暖，开春后哪一天停止供暖，都会自动取齐。

北大和清华不同的个性特点，很难用优劣高低加以评判。清华就是清华，北大就是北大，清华不是北大，北大也不是清华。这并不意味着彼此"井水不犯河水"，相反，双方要更加相互尊重、相互借鉴、取长补短、比翼齐飞。在中央酝酿出台"985计划"时，北大和清华的领导经过多次协商，联名向中央提出了两校携手共创世界一流大学的建议，并在合作办学、优势互补、资源共享、互聘教师、互相选课、互认学分、联合培养学生等方面达成了一些共识和协议。衷心期待北大和清华在共创世界一流大学的征程中结出更多更好的合作之果。

谈谈人才理念

　　大学是人才荟萃之地，是培育人才的摇篮。大学的根本功能就是依托现有的人才去造就未来的人才。清华大学原校长梅贻琦先生有句名言："所谓大学者，非谓有大楼之谓也，有大师之谓也。"大师是大学的标志，一所大学的学术水平、社会声望主要是由大师支撑的。名师出高徒。有了名师，优秀学生就会慕名而至。有了杰出的学术带头人，就能够带动一个学科，带起一支队伍，承接到重大的科研任务，争取到大量的研究经费，从而不断地出人才、出成果、出效益、出名气。现在许多大学都在争创一流大学，如果你能招聘到一流的教师，招收到一流的学生，那就是一流的大学。如果你只能招聘到三流的教师，招收到三流的学生，那只能是三流的大学了。

人才的内涵

大到国家，小到单位，治乱兴衰，关键在人才。任何单位的领导者都应当尊重知识，尊重人才，尤其是大学的领导者应当比其他任何单位的领导者更加懂得人才的价值。善于识才用才，真正爱才护才，应当是大学领导者的职业天性。一个不懂得爱惜人才、不尊重人才成长规律的人，不可能成为一名合格的大学领导者，也不适合在那些人才集中的地方，如科技、文化、体育、卫生等部门担任领导。

人品、特长、贡献，这是人才必备的三大要素，缺一不可。

人才首先应当懂得如何做人，在思想、政治、道德、人品方面是合格的。如果人格低下、心术不正，本事再大也算不得人才。毛泽东说：学问再大，方向不对，等于无用。古人司马光说过："君子挟才以为善，小人挟才以为恶。"如果一个人无德也无才，虽然也想干坏事，但智力不足，能力不济，很容易败露。如果一个人品行很差，但很有才能，智足以遂其奸，勇足以决其暴，如虎添翼，为害多矣。

人才不是全才，他只是在某一方面或某几方面有超乎寻常的才能。再伟大的天才也不可能无所不知、无所不能，再英明的领导也不可能洞察一切、包打天下。如果自认为自己是万能人才，那本身就是愚蠢的表现。如果社会对人才求全责备，那也就没有人才可言了。

一个人的德才学识，最终要体现在实践中，落实在贡献上。以实绩分高下，以贡献论英雄，这才是硬道理，是识别人才最根本的标准。人才不是自封的，那些自吹自擂、大轰大嗡的人，大多不过是昙花一现的流星、泡沫。人类历史上那些流芳百世的杰出人才，都是在促进科学发展、推动社会进步、造福人民群众方面作出巨大贡献的人，是经过实践检验、为群众所公认的人。

人才何以难得

毛泽东、邓小平都曾经感叹"人才难得"。一般人才固然也很可贵，但并不难得，真正难得的是卓尔不群的杰出人才。这些人才所以难得，不是因为没有，而是因为凡眼不识、世俗不容。

创造性人才的一个突出特点，就是不简单认同既成的事实，不拘泥于固定的想法。他们敢于打破常规，挑战权威，不按常理行事，不按规矩出牌，"扰乱"了现有的秩序，因而不易得到社会的认同，常常被现有秩序的维护者认为是危险人物，加以攻击和扼杀。从古至今，那些改革创新人才常常遭受很多误解和冤屈，大多缘于此因。

那些杰出的科学家、艺术家具有超凡的天赋和智慧，他们在人类未知的世界中摸索前进，推翻约定俗成的公理，质疑理所当然的结论，揭示人所不知的秘密，提出异想天开的构想，预见未来世界的发展。他们开创的这些新思想、新成果，凭借常人的智慧难以理解，按照已有的标准难以衡量，至于未来的价值更是难以判断，因而常常被视作"异端邪说"，受到压制。比如伽利略发明了望远镜，而人们却骂他是魔术骗子，几乎把他置于死地。爱因斯坦提出了"相对论"，却被人攻击为"犹太人危害世界的阴谋"。莱特兄弟发明了飞机，开创了人类航空史的新纪元，而当初也遭到美国科学界和舆论界的封杀，被迫移居法国继续他们的飞行试验。

古人讲："有高山者必有深谷，有奇才者必有怪癖。"那些杰出人才常常特立独行，具有鲜明的个性、强烈的独立意识和某种反叛精神。他们桀骜不驯、狂放不羁，常常做出一些惊世骇俗之举。他们自信、自尊、清高、固执甚至有些古怪，我行我素而不在意别人说什么，他们的逻辑是："走自己的路，让别人去说吧！"一个人越是把聪明智慧集中在某一方面，其他方面就越是平常甚至笨拙。他们这种不合时宜的举动，常常遭到世俗力量的冷遇、白眼和孤立。

自古以来，那些具有非凡创造力的科学家、发明家、艺术家、思想家、政治家，大多是在逆境中奋斗的，夭折的比存活的要多，被埋没的比被发现的要多，不得志的比得志的要多。不少杰出人才的价值是在其死后才被人发现的。时间越是久远，他们的价值越加充分地体现出来。

正因为杰出人才难得，因此作为一个高明的领导者，更应当细心地发掘，大胆地起用，加倍地呵护。大规模选拔人才必须依照制度进行，但"制度选人"不能代替"伯乐相马"。现在通行的工业化、标准化的选人方法，只能选出一般性的优秀人才，而那些特殊性的杰出人才则很难被选取出来，甚至会被当作"不合格产品"加以淘汰。只有领导者独具匠心和慧眼，才能将他们挑选出来。一个开明的社会，不但要为大批常规性优秀人才开辟宽阔的通道，而且要为少数与众不同的特殊人才，如天才、奇才、偏才、怪才留有发展的空间。

对待人才三原则

人才是人不是神。任何人都是优点和缺点、长处和短处的集合体，只有优点没有缺点、只有长处没有短处的人才是不存在的。一个人的优点和缺点往往在一条直线上，优点的延长线就是他的缺点。比如一个勤于学习、善于思考、有独立见解的人往往固执；一个处事果断、勇于负责、很有魄力的人有时失之鲁莽；一个作风民主、包容性强的人有时会优柔寡断，等等。人才的与众不同不在于他没有缺点，而在于他具有常人所没有的优点和特长。即使是那些声名卓著，令人高山仰止的巨匠、大师、伟人，近距离观察，也有这样或那样的缺点。"金无足赤，人无完人"，"水至清则无鱼，人至察则无徒"，这些话确实是至理名言。

对待人才，不仅要善于发现和发挥他们的长处，而且要正确对待他的短处，在处理人才长处和短处的关系上，应当遵循以下三项基本原则：

第一，<u>就培养人才而言，应当扬长补短</u>。既要发扬和发展他们的长处，又要弥补他们的缺失和不足。一个人才总是长处越多、短处越少、素质越全面越好。作为人才自身，千万不能恃才傲物、耻过饰非。

第二，<u>就使用人才而言，应当扬长避短</u>。用人之道千条万条，最根本的一条就是用其所长、避其所短。每个人最大的成长空间在其最强的优势领域。一个人才的奇迹都是在最适合自己的岗位上和最能发挥自己优势的领域中创造出来的。<u>使用人才应当校短量长，唯器是适，用其所长，各得其宜</u>。大才大用，中才中用，小才小用。克服一个人的缺点固然很有必要，但一个没有缺点的人还只是一个平常的人，而只有充分发挥一个人的特长、优势，才可能使他成为一个卓越的人。如果非要把人才的"高山"削掉去填平他的"深谷"，路倒是平坦了，但失去奇峰异景，也没有什么风光可言了。

第三，<u>就保护人才而言，应当扬长容短，必要时敢于护短</u>。古人讲："有大略者不问其短，有厚德者不非小疵。""小过无害正道，斯可略矣。"特别是一些初出茅庐、血气方刚的年轻人才，他们有棱有角，敢想敢干，"初生牛犊不怕虎"，有时处事毛躁，难免"洒汤漏水"，说话也会得罪人。二三十岁的年轻人没有点狂气，不说点大话成不了大器，当然，四五十岁的人还整天说大话也就不堪造就了。年轻人犯错误，上帝也会原谅。作为领导者对成长中的年轻人才应当多一点偏爱，多一点袒护，多做一些补台的事情，使他们逐渐成熟起来、强壮起来。鲁迅曾经尖锐地批评那些喜欢在嫩苗土地上驰马的"恶意批评家"，他们常以幼稚为名而对新人新作大张挞伐。鲁迅说："其实即使天才，在生下来的时候的第一声啼哭，也和平常的儿童的一样，决不会就是一首好诗。""倘说待到纯熟了才可以动手，那是虽是村妇也不至于这样蠢。她的孩子学走路，即使跌倒了，她决不至于叫孩子从此躺在床上，待到学会了走法再下地面来的。"在年轻人才遇到困难和挫折时，领导者要敢于挺身而出，为他们保驾护航。如果不设法遮挡住他们的"伤口"，而是任人捅来捅去，那么一个很有希望的人才就可能遭到夭折了，只好感叹"出师未捷身先死，常使英雄泪满襟"了。

用人要当其时、当其壮

任何物质产品都有保鲜期、保质期。人才同样存在一个保鲜期、保质期问题。古人讲："用人当其时，用人当其壮。"对于人才，应当在他们处于精力的最高峰、进取心的最高峰和创造力的最高峰时委以重任，把他们用好、用足、用活，这样才能取得最佳的人才效益。

青年人最肯学习，最少保守思想，历来是社会中最有朝气、最富有创造性、最富有开拓精神的群体。"自古英雄出少年"，这是从社会进步史、科技发明史中得出的结论，也是人才成长的一般规律。大器晚成者当然也有，但只是特殊领域中的特殊现象。当今世界，在科技更新周期最快、竞争最激烈的领域中，如信息技术、软件技术、网络技术、基因技术等领域，领军人物大多是青年才俊。毛泽东曾说过，老先生们最不喜欢的是狂妄，殊不知许多惊天动地的大事情都是被戴着狂妄帽子的年轻人干出来的。

衡量一种人才体制和政策是不是先进、优越，关键是看它能不能早出人才、多出人才、出拔尖人才。

当今改革创新的社会大背景为优秀人才的涌现提供了众多的机会、开辟了广阔的舞台，各行各业都有大批青年才俊脱颖而出，许多中老年人才也焕发青春，整个社会的活力大大增强。然而，在不少地方仍然沿袭着"追补性"的人才政策。当一个人才最具创造活力、最能干事、最需要支持时，却得不到必要的支持，要"帽子"没"帽子"，要经费没经费，要条件没条件。而当他移出创造力的高峰期以后，名分、地位和各种优惠政策却落到头上，可惜此时他已失去了创造的冲动，即使心有余也力不足了。这种"补了旧账又欠新账"的办法，弄得两头都不高兴，政策效益很难体现出来。

不拘一格方能出人才

从遗传学上讲，人都是独一无二的。一个人的阅历、经验和才智组合起来，造就了他的独一无二性。人才的价值恰恰在于他有着与众不同的特质，能够别开生面地工作，把自己独特性的东西奉献给世界。

人才是一个多样化的群体，"三百六十行，行行出状元"。每个领域都有自己的领军人物，都能产生优秀人才。他们多姿多彩，各领风骚，构成了五彩缤纷的世界，共同推动着事业的发展。在一个大系统、大团队里，需要各类人才相互配套，密切合作，优势互补，这样才能形成整体实力。比如办好一所大学，需要从事教学、科研、科技成果转化、社会服务、内外合作、后勤保障、行政管理、思想政治工作等各方面的人才，缺了哪一部分人都不行。毛泽东曾说过，学校的问题，主要是校长和教员问题。他又讲过，大师傅也不好惹。民以食为天，如果学校的食堂办不好，那会每天每刻影响着师生员工的情绪，学校就不得安宁。

人才还有着层次性的特点，层层递进，错落有致。每个层面都有不可替代的价值，每个层面的人才都有上下优劣之分，很难用同一把尺子来衡量。比如优秀的博士生导师是人才，优秀的小学教师、幼儿教师同样是人才。如果让一个幼儿教师去教大学，当然难以胜任；反过来，如果让一名大学教授去教幼儿园的孩子，也未必称职。

鉴于人才的多样性、多层次性，因此在选拔人才上必须尊重特点，承认差别，各取所长，各得其所，绝不能用一个模子去套所有的人。江泽民说："必须坚决克服用一个模子来培养人才的倾向。不准别人脱颖而出，谁一冒尖，一先进，就孤立人家，把人家挤下去，以为这样大家都'公平'了，舒服了，殊不知这是扼杀优秀人才、否定先进事物的极其错误的行为。如果让这种现象泛滥作祟，还谈什么创新精神，我们的国家和民族还有什么希望？"①在人才政策上，必须统筹兼顾，合理调配，调动各方面的积极性，使各类人才都有奔头。总之，对待人才我们应当有一种"海纳百川，有容乃大"的博大胸怀，网罗众家，博采众长，努力促成一种人才辈出、群星灿烂的生动局面。

不拘一格的另一个重要含义，就是对优秀人才、年轻人才要敢于打破常规，破格提拔。在人才选任中最流行最简单的办法就是论资排辈、循序渐进。这种办法尽管有弊端，但仍有其现实性和合理性。因为人才的识别需要一定的周期，建功立业也需要有一个日积月累的过程。对大多数人来说，既缺乏特殊才能，又没有突出贡献，论资排辈未尝不是一种现实的晋升办法。在某种意义上说，年资就是经验，年资就是贡献的"积分"。如果在人才选拔上完全不讲年资，就会助长浮躁心理，为投机取巧之徒提供可乘之机。论资排辈的优点是便于操作，进退有序，心理平衡，减少

---

① 《江泽民论有中国特色社会主义》，第256页，中央文献出版社，2002年。

麻烦；缺点是会埋没优秀的年轻人才，造成人才队伍的同步老化。正确的办法是把必要的论资排辈和破格提拔相结合，用邓小平的话来讲，一种办法叫"爬楼梯"，一个台阶一个台阶地向上爬；另一种办法叫"搭梯子"，搭个简便的梯子让优秀人才快一点上来。当前我国的民族复兴大业急需大批优秀人才，对于那些才能出众、成绩突出、潜力很大的年轻人才，应当积极引进，大胆选拔，破格使用，让他们早上岗、早就位，充分施展才能。我们的政策应当首先使优秀人才有更大的满意度。"大锅饭"政策首先挫伤的是优秀人才。如果把高能者放在低能者之下，把杰出者放在平庸者之下，那等于是驱赶优秀人才。越是岗位拥挤，越要设法腾出位子招贤纳才；越是资源短缺，越要注意实行择优扶重，重点突破，在资源配置上适度向优秀人才倾斜，千万不要把优秀人才资源湮没在平均主义的"大锅饭"之中。

没有宽容就没有人才

宽容是一种社会文明，是一种政策环境，是对多元权利的尊重和容忍，是对手中权力的自我约束。

宽容是处世的原则、交往的智慧、修养的境界。宽容就是对人要大度、包容，为人要厚重、厚道，对别人的缺点和过失多一些原谅和宽恕，少一些计较和报复。在人的所有优点中，最可贵、最难得的就是宽容。

宽容的前提是尊重和信任，宽容的目的是团结和激励，宽容只有与自觉、自律相结合才能持续健康地运行。如果借助别人的宽容而放纵放任自己，那就破坏了宽容的环境，走向事情的反面。

宽则得众，苛则失和，没有宽容就没有人才。

宽容说起来容易，而要真正做到却是很难的。

第一，允许失误，宽容失败。

允许失误，宽容失败，这是鼓励探索、激励创新的重要文化环境。任何真理都不是一次完成的。一个好想法都是从许多良莠错杂的想法中筛选出来的，是经过反复调试和修补才趋于完善的。探索真理的过程就是一个不断战胜错误、从相对真理走向绝对真理的过程。在探索过程中形成的阶段性认识，都是不完善或不正确的，如果一出现失误就指责、就怀疑、就封杀，那就等于堵塞了通向真理的道路，使任何的研究探索、改革创新都不可能进行。在自然科学研究中要允许失误和失败，在社会科学研究中也应当允许失误和失败。

第二，不能一次犯错误就"永不叙录"。

人非圣贤，孰能无过。如果一个人才犯过一次错误就被列入另册，打入冷宫，永远不予信任和重用，那是多大的人才浪费！列宁说：战败的军队善于学习。失败的教训往往比成功的经验对人的教育更深刻、更难忘。一个犯过错误的人，一旦汲取了教训，可能变得更聪明、更成熟，增加了免疫力，以后走的弯路会更少一些。历史上齐桓公所以能称霸春秋，得益于重用管仲。而管仲曾经是一个支持政敌、险些置齐桓公于死地的"仇人"。唐太宗重用的诤臣魏徵也曾经是一个"站队站错了，犯过方向路线错误"的人。如果你能把自己的政敌转化为自己的朋友，那岂不是消灭政敌的最好办法！古代的帝王为了中兴大业，尚能捐弃前嫌、用贤不记仇，今天为了民族复兴，我们更应当有"解放全人类"的气魄和雅量。要善于调动一切积极因素，善于起用一切可用之才，并尽可能把各种消极因素转化为积极因素。

第三，不能一有争议就搁置不用。

人们看人，从来是"横看成岭侧成峰，远近高低各不同"。对一个人才有不同看法是很正常的。越是地位重要、人们寄予厚望的人，往往议论越多；越是改革创新型的人才，往往争论越大。各个单位的一把手，在选举中得票都不是最高的。

用人要注意公论。在民意调查中得票很低的人，说明群众威信不高或形象不好，不宜重用。而在民意调查中得票最高的人，往往也不是最佳人才。真正有希望的人可能在有争议的人中。民意调查带有很大的随机性，不可不信，不可全信。任何真理都有一定的适用区间，一旦超出适用区间，真理就会变成谬误。知情是参与的前提，如果知情面很窄，参与面很宽，其结果必然是范围越广，失真度越高。因此，民意调查的结果只能作为粗略的参考，不能作为精确的依据。如果以民意调查的得票多少为序来选取人才，看起来很民主，其实是"民主"有余、科学不足。

对于有争议的人才必须冷静地加以分析：哪些人有意见？有什么意见？这些意见正确不正确？是出于公心还是出于私心？如果一有不同意见，就搁置不用，那可能埋没了真正的人才，耽误了改革创新事业，助长了平庸之风。

对待群众的议论，孔夫子提供了一个很好的办法。他认为乡人皆好未必好，乡人皆恶未必恶，只有全乡所有的好人都喜欢、全乡所有的恶人都厌恶的人，那才是真正的好人。

第四，不要冷遇不驯服的人才。

大凡有本事的人容易心高气盛，他们富有才气和锐气，也多少带有点傲气和狂气，有时表现得不那么听话和驯服。而有些领导者总是喜欢那些比较听话的、乖巧的人才，而对那些不大听话、不够驯服的人才则予以排斥、冷遇，甚至想找个机会去"治治他"。这是一种很不开明的行为。

选人才不是选奴才、养宠物。用人才的目的是为了干事业、出成果，而不是仅仅为了让他听话、讨自己欢心。如果有两个歌唱演员，一个虽然不大听话，但演唱水平很高，出场能卖座，观众很喜欢；另一个虽然很听话，但演唱水平不高，出场不卖座，观众不喜欢，作为一个剧院老板聘任哪一位呢？当然是前者而不是后者。在选人用人上，必须秉以公心，事业为重，唯才是举，听话出活的人才要重用，不大听话能出活的人才也要容纳。

关于领导哲学

领导是最重要的成长环境

一个人的成长离不开环境,包括政治环境、文化环境、舆论环境、政策环境、人际关系环境等等。这些环境因素对人的成长、成才、成功都很重要,但人们往往忽视了"领导"这个因素。其实,领导就是你的环境,特别是一把手是你最重要的成功环境。

我们常常看到这种情形:有的人在一个领导手下工作,唯唯诺诺,无所作为,就像一条虫,活得很窝囊;而到了另一个领导手下,就像变了一个人似的,生龙活虎,奋发有为,就像一条龙,活得很精彩。同样一个地方、一个单位,某个领导主政时,长江后浪推前浪,源源不断出人才,好像有取之不尽的人才资源;而另一个领导主政时,却举目无才,所有的人才都被镇住了、埋没了,几年也出不来一个人才。

其实，世上的人才总是有的，能不能出人才，关键在领导。正如古人所说："世必有圣知之君，而后有贤明之臣。"

好领导是可遇不可求的。在你的成长经历中，如果能遇上一个英明的领导，那真是"三生有幸"，机遇难得，或许从此改变了你的命运，奠定了你一生成功的平台。反之，如果遇上一个不开明的领导，你非常无奈，不仅会埋没你的才华，甚至会耽误你一生的前途。

好领导就是一所好学校。他用不着每天都给你上课，教育你，提醒你，但他处人处事处己的准则，他的思路、行为和作风，随时随地都在影响着你、改变着你，不知不觉中你开阔了眼界、增长了见识。与高明者为伍，自己也会高明起来。

好领导就像一个好园丁。他每天都在浇水、施肥，必要时除去杂草，满腔热忱地期待着百花盛开的春天。

领导的责任就是为部下创造环境、创造机会、创造明天，使他们有用武之地，无后顾之忧。

一个好领导，首先应当给部下以一种高度的安全感。这种安全感就在于领导者一不会嫉贤妒能，二不会"秋后算账"。当领导不能像"武大郎开店"，凡是比自己高的人一律拒之门外，总担心部下显露才能，超过自己。只有用一些在某些方面比自己更强的人，才能弥补自己的不足，减少自己的失误。领导者应当襟怀坦白，随时提醒和帮助部下克服缺点，健康成长，不要脑子里装个"小本子"，把部下平时的缺点记下来，等积攒到一定程度再去算总账。领导对部下真正的关怀不是封官许愿，或施以小恩小惠，最重要的是让他们每个人都能施展自己的才干，实现自身的价值，不断增强自立自强的本领，凭借自己的实力去开创美好的未来。在一个团队中，如果领导以部下为荣，部下以领导为荣，那这个团队就是一个有高度战斗力的光荣团队。如果领导和部下互相抱怨、互相藐视，那必然是一个涣散无力的团队。

领导环境是无形的，它时时刻刻都在滋润着你，呵护着你，但置身其中却并不感觉到它的存在。而当换了一个不开明的领导时，人们才发现周围的环境一下子变得严峻起来、恶劣起来，此时你才明白，失去一个好领导意味着什么。

团结是最重要的成功之道

　　天时不如地利，地利不如人和。在天时、地利、人和这三个成功要素中，人和是第一位的，天时和地利都要通过人和才能发挥作用。

领导者主要不是靠自己干事情，而是团结大家合作干事情，是推动别人干事情，是将自己的想法通过他人去实现。因此，善于团结、乐于合作、易于交往，是领导者的基本功。一个不愿交往、不能团结、不会合作的人，基本上不适合当领导。纵然你有天大的本事，如果周围的同事对你没有好感，根本不想与你共事，他们才不在乎你有没有本事呢！人们宁愿与一个讨人喜欢的愚笨者共事，也不愿与一个令人讨厌的精明人为伍。

团结就是力量。团结出凝聚力，出生产力，出战斗力。只有在团结的氛围中，人们才能充分发挥自身的积极性、主动性、创造性，大家心往一处想，劲往一处使，从而形成最大合力和整体优势。而一旦不团结，人们的智慧和干劲在相互的摩擦和争斗中冲销了，不但没有什么整体优势可言，而且优势也会转化为劣势。

团结才能兴事业，团结才能搞改革，团结才能闯难关。一个人只有在可望得到周围同事的支持、理解和谅解的情况下，才敢于挑重担，冒风险。如果一个领导班子内部不团结，相互猜忌，相互掣肘，每个人都想看别人的笑话，那势必人人自危、人人自保，没有人愿意挑头去干急难险重的事情。改革和创新都是一项风险事业，它必然会触动旧观念，冲破旧机制，调整旧的权力利益格局。一些人不理解、不满意、不满足、不平衡是常有的事，这尤其需要领导层有一种同舟共济的精神。如果一遇到阻力，遭到反对，领导层内部就互相埋怨、推诿责任，任何改革和创新都会流于失败，结果是谁改革、谁创新，谁就倒霉。

互相补台，好戏连台；互相拆台，都会垮台。一个领导者的事业成功、职务升迁，离不开周围同事们的支持和捧场。反过来，不少领导者出问题，背后都有不团结的祸根。当周围的人都希望你成功时，你会成功的；当周围的人都希望你失败时，你迟早会失败的。

团结不但利国、利民、利事业，而且也有利于个人身心健康。茫茫人海，芸芸众生，天南海北，你我能在一起共事，这是一种缘分。要珍惜这种缘分，彼此以诚相见，愉快合作，每天"高高兴兴上班来，心情舒畅回家去"，这对身心健康大有益处。反之，如果人际关系很紧张，互相厌烦，台上握手、台下踢脚，凡事都想争个高低输赢，那会带来无穷无尽的烦恼，影响自己的身心健康。所以，团结既是成功之道，某种意义上也是养生之道。

善于团结合作是一个领导者最重要的本事，而不能团结合作说明你没有本事。搞好团结是一件很不容易的事情，它需要顾大局、讲原则，有修养、有气量，能服众、能宽容、能吃亏，有时还要委曲求全。而要搞不团结则是再容易不过的事了，精心营造的团结局面、多年积累的友谊，也许一句话就把它毁掉了。

就主观愿望来讲，人人都希望和别人和睦相处、团结共事，问题在于怎样才能做到呢？

团结的基础是共识，共识的前提是沟通，沟通的关键是相互理解。你不是我，我也不是你，彼此有不同看法是很正常的。重要的是通过沟通达成共识，通过协商找到平衡点。沟通起来会有些麻烦，但殊不知，如果不沟通，小麻烦会变成大麻烦，更大的麻烦还在后头呢！

正确的沟通必须平等相见，相互倾听，学会尊重，换位思考。在沟通中需要有必要的让步、妥协、变通，"退一步，天地宽"，而居高临下、以势压人是不会成功的。你要想得到别人的尊重就必须首先尊重别人，真正自尊的实现是以他尊为前提的。"两点之间，直线最短"，这条几何定理在处理人际关系时是不适用的。在人与人的沟通中，常常需要迂回，需要耐心和等待。在沟通中，不仅需要摆事实、讲道理，更要有真情。情感决定着思考的方向，而理性决定着思考的结果。只有当对方感到你是出于诚心、真正与人为善时，沟通才能达到预期的效果。

用人导向是最重要的政策导向

为政之要，莫先于用人。知人善任是领导者最重要的职责，用人导向是最重要的导向。

干部选任，尽管有组织人事部门专门去做，制定了许多规章制度和程序，但一把手往往决定着干部的命运。现行干部制度的根本弊端是权力过分集中，规定的民主程序常常是走过场，最终还是一把手说了算。在世上一切事物中，人是最难捉摸的。因为思想无形、智慧无状、变化无常，正所谓"知人知面不知心"。简单地以貌取人，或以辞取人，或以行取人，或以功取人，都是不合适的。如果一把手对人知之甚少，知之甚浅，仅凭着一两次工作汇报，或是道听途说留下的印象，便决定干部的选任、去留、调配、升降，那是非常危险的。

"德才兼备，注重实绩，群众公认"，这是选拔干部应当遵循的基本原则。这些原则说起来很简单，但操作起来却很不容易。

如何处理德与才的关系，这是选择干部中最基本又最不容易把握的问题。《资治通鉴》中对德才关系作过精彩的论述：才是德的基础，德是才的统帅。德才兼备者叫做"圣人"，无德无才者叫做"愚人"，德胜于才者叫做"君子"，才胜于德者叫做"小人"。一般选取人才的办法是首选圣人，若选不到圣人就选取君子。与其选小人，不如选愚人。从古至今，国之乱臣，家之败子，因才智有余而德行不足，以至于颠覆朝政、衰败家业的事情屡见不鲜。

选拔干部必须把住政治品德这一关。在政治品德合格的前提下，唯才是举。才是硬指标，无才必然干不成事。如果一个干部立场很坚定，品德也很好，但没有领导才能，把事情搞糟了，把队伍搞散了，那何德之有？

"政者，正也。"衡量干部的政治标准会随着形势的变化而调整，但一个人的基本品行是相对稳定的，是可以看清楚的。选拔干部必须重人品，弄清楚是正还是邪，是忠还是奸，是公还是私，是真还是伪。既要知道什么人适合当干部，也要知道什么人根本不适合当干部，守住一条底线。多年的经验教训告诉我们，那种政治上见风使舵、喜欢追风跑的人，那种对个人利益斤斤计较、从不肯吃亏的人，那种喜欢拉帮结派、搞小圈子的人，那种心胸狭隘、报复心很强的人，那种刻薄寡情、不讲信义的人，那种小肚鸡肠、喜欢拨弄是非的人，不适合当干部，尤其不能当一把手，否则，后患无穷。

在当今以经济建设为中心、发展市场经济的情况下，在选取干部中最容易发生的偏向，就是重利轻义、重才能轻人品、重经济本领轻政治水平。这种倾向在平静时期还看不出它的危害，而当风暴来临的时候，它的不良后果就会显现出来了。

善任的前提是明察，明察的关键是核真，核真的难点是如何对待实绩和公论。古人在谈论这个问题时曾讲过，如果注重毁誉（即公论）就会爱憎竞进而使善恶混淆，如果注重功状（即政绩）则会巧诈横生造成真伪混杂。毁誉参半则难用褒贬，虚实相蒙则难以核真。核真中最忌讳的是"文具实亡"，搞繁琐哲学，拘泥于那些繁杂空洞的形式，而忽略了那些最重要、最本质的东西。这就要求上级领导者和组织部门要善于透过现象抓住本质，真正做到公正廉明、实事求是。要知道，识别干部只凭耳朵是不行的，必须用心、用情、用眼睛、用双脚，深入地了解，辨证地分析。否则，制定再好的考核办法也会给营私舞弊、弄虚作假、投机钻营者提供可乘之机。

善于欣赏是最高明的领导艺术

一个高明的领导者，应当善于发现别人的优点，乐于欣赏别人的优点，最大限度地把大家的积极性调动出来，有效地加以组织和整合。领导者不仅本人要善于欣赏，而且要在自己的团队中营造一种相互欣赏的氛围。当人们彼此看到优点时，这个团队就是优点的集合体；当人们彼此盯着缺点时，这个团队就变成缺点的集合体了。

学会欣赏，这是做人的美德，是领导的艺术，是以人为镜的学习过程，是营造和谐人际关系的一门艺术。

欣赏是真诚的流露，是尊重的体现。它在把慰藉给予别人的同时，自己也受到了激励。它播种的是关爱，收获的是友谊。

心理学研究表明，人都有感知别人对自己看法的能力。当欣赏别人或被别人欣赏时，当感谢别人或被别人感谢时，一个人的心情总是愉快的，情绪总是高涨的。正如欣赏良辰美景可以愉悦你的心灵、欣赏精品佳作可以提升你的境界一样，欣赏别人的才能和美德也可以陶冶你的情操。一个人的爱心是从学会欣赏开始的。一个人的上进心，就在于他能从别人身上发现自己身上所没有的优点和长处。当一个人受到领导和周围同事的欣赏时，他的自信心和积极性就会被大大激发出来，并会进一步去展示和发展自己的优点。领导的艺术，就在于善于发现和调动部下的优点。所谓知人善任，最重要的是了解别人的优点，善于发挥别人的长处。当一个领导者身居高位时，身边总难免有一批阿谀奉承之徒，歌功颂德的赞誉之词不绝于耳。久而久之，他便飘飘然起来，以为自己真的那么英明、那么伟大，逐渐变得只会自我欣赏而不会欣赏别人了。其实那些赞美之词，并非都是真实的，有的出于真心，有的属于假意，有的是因为偏爱于你，有的是因为畏惧于你，有的是因为有求于你。如果只是顺着掌声的方向走，总有一天会跌进陷阱。当一个领导者再也看不到周围人的优点时，说明他的进取心已经丧失了。当他认为周围的人都不行时，正说明他自己已经不行了。

过去长期以政治运动为中心形成了一种识人哲学，就是"看人先看短"，动员人们去深挖细找别人的缺点，并且把这些"问题"无限上纲，延伸夸大，然后开展"斗私批修"，发动思想改造。"文化大革命"中把它推向极端，发动群众公开地、全面地、自下而上地揭露黑暗面，并且无情斗争，残酷打击，弄得人妖颠倒、是非混淆、黑白难分，给人们带来巨大的精神伤害。

改革开放以来，我国转向以经济建设为中心。搞建设就必须把过去那种"看人先看短"的逻辑颠倒过来，转为"看人先看长"。一个领导者应当把大部分精力用在研究和发掘别人的优点上，而不要花很大精力去研究别人的缺点。要把大部分时间用在同优秀人才、先进群众交往上，以便随时吸取他们的经验和智慧，而不要把大部分时间用在改造个别"问题人物"的身上。

有些人的头脑仍然在过去那种陈旧的思维轨道上运行。我曾见识过这样的领导者：他非常善于发现别人的缺点，对别人缺点的记忆远比对别人优点的记忆深刻得多。他习惯于用缺点去概括一个人，说到张三，他认为"政治上不坚定"；说到李四，他认为"考虑个人太多"；说到王五，他认为"做事责任感不强"，等等。他常常抓住别人的缺点加以批评、攻击，以显示自己的高明，陷别人于不义。周围的同事和他的部下，几乎没有一个人喜欢他，对他采取"惹不起，躲得起"的办法，希望离他越远越好。在这种氛围下，人们怎么可能愉快工作、放手干事呢？

助人成功是最大的成功

如果你是一个商人，一心只想着自己赚钱，而从不为合作伙伴着想，甚至去算计别人，多捞好处，是没人愿意与你合作的。

如果你是一个领导者，一心只想着自己成功，从不关心部下和同事的成功，只是把部下和同事当作实现个人成功的工具，这是不会有人愿意为你效力的。

孔子说："己欲立而立人，己欲达而达人。己所不欲，勿施于人。"

美国著名企业家韦尔奇说："在你成为领导之前，

成功只同自己的成长有关。当你成为领导之后,成功都同别人的成功有关。"

孔夫子和韦尔奇说明了一个共同的道理,自己的成功与他人的成功是密切相关的。立己必先立人,达己必先达人。帮助别人就是在帮助自己,周围人都能成功才是领导者最大的成功。

教师最伟大、最无私的品格,在于他总是把最好的东西教给学生,像蜡烛一样燃烧自己,照亮别人。教师从不嫉妒学生的成功,而是希望学生个个成功。教师把"青出于蓝而胜于蓝"作为自己的价值观,从不担心学生超过自己。相反,学生成功越早、名气越大、水平越高、超越自己越多,老师就越高兴。

领导者应当学习教师的这种品格和胸怀。如果你像一个太阳,源源不断地发光发热,让周围的人都沐浴在你的光芒和温暖中,那固然是一件很光荣的事情。如果你能使周围的人都变成太阳,人人发光发热,交相辉映,自己像月亮一样,靠借光而生晖,靠反光而生活,那不也是一件很高尚的事情吗?

如果一个领导者只想自己成功而从不想别人成功,甚至想把自己的成功建立在别人不成功的基础上,以别人的不成功为代价来换取自己的成功,那是很糟糕的。如果一个领导者的成功带动了周围一群人的成功，形成了一个人才辈出、群星灿烂的群体效应，那才是真正英明的领导者。一个领导者手下能不能源源不断地产生人才、输送人才，是衡量他是否真正成功的一个重要标准。

一个领导者怎样才能使周围的人取得成功呢？

第一，满腔热忱地对部下"传、帮、带"，为他们学习提高、充实完善提供各种必要条件。

第二，敢于压担子，放手加以使用，给他们施展才能的机会。当一个人感到责任重大、力不从心的时候，恰恰是进取心最强、创造力最大、成长进步最快的时候。

第三，在公众场合，主动介绍部下的优秀品质、特殊才能和工作业绩，表达对部下的赏识和信任，帮助他们树立群众威信，不断增强他们的自尊心、自信心，尽量避免当众批评他们。

第四，在部下为流言蜚语所困、受到恶意诽谤和不公正待遇时，要敢于挺身而出，仗义执言，为他们讨回公道，即使自己受伤也在所不惜。决不能明哲保身，一看"情势不妙，拔腿就跑"，更不能落井下石。

第五，抓住机会，大胆提拔。积极举荐部下中的佼佼者到更重要的岗位去锻炼提高，千万不能因为这个人使用很顺手、工作很得力而舍不得放手。只要有更大的舞台、更广阔的前途，宁可暂时工作受点影响也要舍得输送。不要怕后继无人。越是大胆输送人才，越会有其他优秀人才补充进来。

亲和力是最重要的影响力

一个受人拥戴的领导者，应当有声有色地工作，有滋有味地生活，有情有义地交往。

一个领导者，不但要有鉴别力、决断力、组织力、执行力，而且应当有亲和力。这种亲和力是一种人格魅力，它可以产生巨大的凝聚力，转化为强大的影响力和行动力。领导作风中最可贵最难得的就是平易近人。只有平易近人，才谈得上群众观点、群众路线，才能做到"从群众中来，到群众中去"。一个令人望而生厌的人，即使天天下基层，照样脱离群众。领导的力量，不是建立在部下敬畏、恐惧的基础上，而是建立在部下信服、亲近、主动靠拢和追随的基础上。彼此有了感情，一句话能顶十句用，甚至一个暗示、一个眼神都能把事情办成。彼此没有感情，十句话也不顶一句用，对于不想听的人来说，你说得再多也不管用。一部管理机器，如果没有感情的润滑剂，运转起来将是非常艰难的。

<u>一个人的爱心首先是从爱父母、爱家庭开始的。一个领导者应当孝敬父母、关爱家庭、热爱生活，模范地践履中华民族的优秀道德传统</u>。

在中国的传统文化中，认为做人处事的原则应当是亲亲为大，孝悌为本，本立而道生，然后再把这种爱心推衍放大到整个社会。一个人的忠和孝是相通的，亲亲方能仁民。在多数情况下，忠孝是可以兼顾、可以两全的。在汉代以后，两千多年中一直提倡"孝治天下"，这就是以德治国，以仁施政，视天下人为父母，以一种知恩图报之心对待百姓。如果一个领导者像对待自己父母一样对待天下百姓，心甘情愿、尽心竭力地去为他们服务，不讲价钱，不图回报，那无疑就是一个好领导、好公仆了。家庭和谐是社会和谐的缩影，如果一个领导者连亲情关系都处理不好，连自己的家庭都治理不好，怎么可能处理好社会上复杂的人际关系，怎么做到"治国平天下"呢？一个领导者，如果对自己的父母不孝敬，对亲人不关爱，而在公众场合却摆出一副亲民的姿态，那十有八九是在作秀。

领导者要善待身边的工作人员。尽管世界很大，但你每天打交道的人就是周围这些人。他们是社会的一部分，是群众的一部分，同周围的人关系理顺了，小环境搞好了，天下就太平了一大片。以天下为己任，应先从身边做起。

领导者的工作水平在很大程度上取决于身边工作人员提供的信息、文稿、建议和各种后勤保障，领导者的形象和威信也需要身边工作人员细心地加以维护。"善用人者，为之下。"所谓"为之下"，就是把别人高看一眼，把自己放低一些。高看别人未必降低了自己，低看别人未必抬高了自己。你地位越高，事业越大，依靠的人越多。如果高高在上，谁愿意听你使唤？如果只会处上，不会待下，对上对下两副面孔，肯定搞不好人际关系。领导者和身边工作人员是一个合作团队，彼此只是分工不同，在人格上是平等的，没有高低贵贱之分。那种凭借自己的职务、地位、权力来驱使别人为自己干事的领导是最令人讨厌的领导。领导不能把身边工作人员看作是"下人"，看作是自己的附庸，更不能把部下当成自己的"出气筒"，喜怒无常，动不动就批评呵斥，让部下"伴君如伴虎"，整天处在担惊受怕、战战兢兢的氛围中。你要求部下忠诚于你，那你也应当善待部下，因为忠诚总是相互的。你希望部下认真地为你服务，那你也应当为部下多着想一些，关心他们的进步前途，关心他们的利益需要，关心他们的妻子儿女，关心他们的喜怒哀乐。在工作场合，领导者和身边工作人员应当上下有序，没有规矩不成方圆。在日常生活中，领导者应当是一个真实本色的自我，多一点亲切平和，多一点轻松幽默，讲一点人情世故。孔子讲："近者悦，远者来。"管子说："招远在修近。"只有让自己周围的人能够安居乐业，生活得更快乐、更幸福、更有前途，远处的人才会被吸引过来。

人是社会关系的总和，领导者也不例外，也有父母兄弟、妻子儿女、同学朋友等。每一种社会关系都是权利和义务的统一，都有特定的角色定位，都有一定的交往方式。不管你地位多高，名气多大，在父母面前你永远是孩子，在老师面前你永远是学生，在同学面前永远的法则是"序齿不序爵"，只论长幼，不论尊卑。一个好领导，也应当是一个好儿女、好父母、好丈夫、好妻子、好朋友、好同学，等等。如果你把官气、官腔、官架子带到日常的生活交往中，那必定会使整个生活变得枯燥乏味、黯淡无光。

在苏联解体前夕，有一篇苏联小说曾经辛辣地讥讽了一些像机器人一样的官僚干部：

这种官员没有任何个人想法，他的一切想法都来自上级文件，上级的想法就是他自己的想法。

他们除了打官腔没有任何个人的语言。他所有的讲话都是和自己的身份相符的，在什么场合该讲什么话他就讲什么话。

他没有任何个人的喜怒哀乐，思想情绪完全随着工作状况而波动。当工作有成绩、受到上级表扬时，就高兴；当工作出现问题、受到上级批评时，就愤怒，就发火。

他像自动生产线上的一个部件，一切都在按部就班地运转着，既不会快走半步，也不会慢走半步，小心翼翼地不同其他部件发生任何碰撞和摩擦。

如果干部都变成这个样子，苏联能不亡党亡国吗？

在我们的生活中也会见到这种官僚化的领导。他被"官本位"意识支配了所有生活空间，整天板着面孔，装腔作势，摆出一副居高临下的姿态和公事公办的模样，除了"官交"没有"私交"，除了工作没有爱好，除了打官腔不会说别的语言。他走到哪里，哪里的空气就变得紧张起来，这种领导当然不会受到群众拥戴，只会损害党在群众心目中的形象。

一把手的艺术

要办好中国的事情，关键在人，关键在党，关键在领导班子，关键在一把手。

在领导班子中，一把手是核心，是灵魂。一把手的主要任务是出主意、用干部、定政策、抓典型。一把手应当是一个贤者，德行能够服众。一把手应当是个帅才，具有统领队伍、统揽全局的能力。一把手只靠小聪明是不行的，要有大智慧、大谋略、大手笔。

一把手的强弱，在很大程度上决定着领导班子的整体水平和本单位的工作面貌。一个原本后进的单位，如果一把手选配得好，就能很快打开局面，由弱转强，后来居上。原来的先进单位，如果一把手没有选强配好，工作也会很快衰落下去。因此，上级对一个单位的关心支持，最重要的莫过于选好配强一把手。

想全局，抓大事

一个单位的工作千头万绪，一把手要弄清自己的角色定位，应当分工负责，分层管理。在领导班子中，比较理想的工作状态应当是：

副职各司其职，分管局部。一把手则把握方向，统揽全局，协调各方，解决副职做不了的事或是局部完不成的事。

副职负责常规性工作。一把手则适当超脱一些，集中力量抓大事，解决那些能够带动全局的重大问题和关键环节，抓两头，带中间，用典型和案例推动面上的工作，处理某些非常规事务。

副职维护好现存工作秩序，确保正常运转。一把手则应当面向未来，考虑如何寻找机遇，超越现状，改变困境，不断打开通向新道路、新生活的大门。

人们常讲细节决定成败。其实对一把手来说，善于不善于抓大事才是决定成败的关键。

一把手不能是一个事务主义者，不能碰见什么事就干什么事，谁找你你就为谁办事。一把手的工作日程不能只是由秘书和办公室安排，而应当自主选择，主动出击,牢牢把握工作的主动权。

站得高,看得远;睁只眼,闭只眼

只有登高望远,才能一览群山,了解全貌,从宏观上把握全局。看人看事,首先要宏观把握、总体判断,然后再由远及近,进入微观层面。你要想看得远,就不可能看得太细致;如果看得太细致,也就不可能看得远了。

所谓"睁只眼,闭只眼",就是要学会抓大放小,大事不糊涂,小事不计较,紧要问题把得住,无关紧要的问题放得开,有时故意糊涂点,清醒地过一些糊涂日子。如果一把手二十四小时两只眼睛都睁着,大事小事都认真,不仅自己活得太累,部下也受不了。

寻找共识,凝聚合力

一把手所以高明,不在于他垄断了一切智慧,而在于他善于集中大家的智慧。一把手的拍板权,并不意味着独断与专权,而是一种择善而行的选择权。

一把手要善于从众说纷纭中找到共识点,并努力放大这种共识；要善于从各种意见中选取最有价值的成分加以吸纳和改造，集思广益，形成系统的工作思路。这种工作思路是共同参与、集体智慧的结晶，是领导班子共有的"公共知识产权"。一把手不能把所有好主意的发明权都记在自己头上。如果某人的意见和自己的意见不谋而合，你不妨把发明权记在他的头上，他必定加倍努力，确保意见的成功。如果某人的意见和你的意见"小同大异"，你不妨把"小同"的部分挑选出来，予以认同，然后再细心地加以放大和修补。这样，每个领导成员都从这个思路中找到了自己的点滴心血，都得到了一种似是而非或似非而是的满足。

在领导班子中意见分歧总是有的。要设法淡化分歧而不要强化分歧，搁置争论而不要展开争论。有分歧要设法在桌面下解决，不到万不得已，不要公开讨论分歧。公开讨论的结果往往会把分歧公开化、系统化、严重化。人们为了要面子而不要真理的事情是常有的，其结果往往是：有争就有辩，变成争辩；有争就有斗，变成争斗；有争就有战，变成争战。

一把手最重要的职责是把握目标，掌控全局，不必事事亲力亲为，更不要把大量的精力花费在无意义的琐碎事务中。对于副职，要善于分工、授权、委任、交办，使他们各司其职、各负其责、各行其权、各得其利，把职、责、权、利有机地统一起来。有职有权、责权统一是履行职责必备的条件。分工、授权是一种信任和激励，在分工和授权的同时也把责任分摊到了每个人身上，增加了他们工作的主动性和责任感，以及对组织的认同感和忠诚感。如果只分工不授权，只有责没有利，那么副职就会认为是领导对自己不信任、不尊重，从而失去责任感，敷衍了事，得过且过。我们见过不少这样的一把手，他们总喜欢大权独揽，对副职只分工不授权，对别人干事总是不放心、不放手，一个人包打天下，结果自己忙得团团转，而其他领导成员却无所适从。自己干得很辛苦，但别人并不领情。

既要管事，更要管人

一把手不但要会做事，而且要会管人，学会带队伍，善于做人的工作，千万不能"见物不见人，见人不见思想"。要知道哪些事该管，哪些事不该管，哪些事你不管自有别人管，你只要把管事的人管好理顺就行了。摊子越大，地位越高，责任越重，越要花费更多的时间与人沟通交流，改善人际关系，深入细致地做人的思想工作。人是有思想有感情的动物，思想统一了，步调才能一致；感情融通了，积极性才能调动起来。

近年来，社会上流行急功近利和浮躁、浮浅、浮夸之风。做生意的想一夜暴富，做学问的想一举成名，做官的想一步登天。有些领导者也沾染了这种风气，不愿意再做埋头苦干、深入扎实的工作，总担心自己一觉醒来赶不上班车，在一个岗位上屁股还没坐热就等着提拔。有的领导者热衷于搞"批发政治"，"大轰隆"式地开展工作，整天开大会、作报告、造舆论。大众传媒是现代社会的重要支配力量之一，就连资本的力量、政治的力量也不得不畏它三分。作为政治家，应当搞好同媒体的关系，善于借助大众传媒来推动工作，争取人心，但切忌利用大众传媒的狂轰滥炸、连篇累牍来树立自己的形象。那种在媒体上天天露面的人，往往会造成公众的逆反心理。聪明的政治家、科学家或企业家都应当懂得，大众传媒对他们事业的干扰可能远大于对他们事业的造就。你越想获得更大的成功，越要学会在媒体面前保持低调或沉默。如果你想多干事，那就要少宣传。一旦你成为记者追逐的对象，那就被捆住了手脚，很难有大的突破、大的作为了。一个高明的领导者，应当多搞些"零售政治"，花更多的时间和精力去做深入细致的思想工作，同干部群众进行面对面的接触、推心置腹的谈心，在无拘无束的交流中去了解他们真实的工作、生活、思想情况，在无障碍的沟通中听取他们的意见要求，有来有往，共同切磋。只要把思路理清了，关系理顺了，什么事情都好办了。

调查研究是干部的基本功。没有调查研究就没有发言权，就没有决策权和指导权。毛泽东说：搞好调查研究，必须有满腔的热忱，求知的渴望，眼睛向下的决心和放下臭架子、甘当小学生的精神。那种观光旅游式的调查是一种很不好的作风，它不可能了解真实的情况，体察真正的民情，也没有给基层干部提供一个倾吐自己心声、反映基层苦衷、展示工作成绩的机会。

胸怀宽广，豁达大度

大有大的难处，一把手有一把手的烦恼。树大招风，位高权重的人最易受到非议，任重道远的人最易受到攻击。

你想为大家做好事、办实事,但人们未必理解和满意,可能好事没办成反而惹出一堆麻烦,结果是"好心不得好报"。世界上再没有父母对孩子的爱更伟大更无私的了,然而孩子们未必理解和感谢父母。在今天的社会中,有多少父母因为管教不了孩子而苦恼,因为好心不得好报而伤感呢!

你想对上级说真话、报实情,但上级领导未必就高兴。按理说,一个干部对组织和上级的忠诚首先应当表现为说真话、报实情,这是忠诚的起码标准。然而在现实中,人们常常把讨好谄媚、溜须拍马视作是忠诚的表现。作为领导者,总是希望听到真话,了解实情,如果下面全都说假话欺骗你,你会高兴吗?然而真话实情并不总是令人愉快的,人性的一个弱点就是喜欢听好话,报喜则喜,报忧则忧。在一种歌功颂德、报喜不报忧的氛围中,敢说真话、敢讲问题的人常常是令人讨嫌的。就像在《皇帝的新衣》那个寓言中,首先喊出"皇帝没有穿衣服"的人,可能不仅触怒众人,而且可能惹恼皇帝,招致祸殃。

你想改革创新,却触犯了旧观念、旧体制的维护者和既得利益者,可能在改革举措尚未到位、新体制的好处尚未展现之前,已经举步维艰了。

你想超越前人，开创新局面，却无意中破坏了祖辈的规矩，伤害了前任领导的自尊，被人攻击为狂妄自大、爱出风头。

因此，一把手一定要有健康的心理，好话坏话都能听，经得住批评，受得了委屈，"大肚能容容天下难容之事"。人们所以议论你、怨你、骂你，是因为你举足轻重，人家看得起你。当人们懒得理你、周围鸦雀无声时，说明人们对你彻底失望了，你已经是个无足轻重的人物了。

正像不要被掌声牵着走一样，也不要被骂声所牵制。坚持既定目标，不要左右摇摆。在争论中保持主见，在骂声中继续前进，不要被争议和批评捆住了手脚。当领导不同于当演员，不能以讨人喜欢、赢得掌声为目标。如果不想冒犯任何人，试图让每个人都喜欢你，这只会把自己引向碌碌无为的道路。你可能做不到闻过则喜，但也不必闻过则怒，别跟自己过不去。对误解、批评甚至诬蔑不实之词，最好的办法是少解释、少争辩、少纠缠，不要企图事事找平，相信是非自有公论，公道自在人心。

不争功，不诿过

一把手不能与部下争功邀宠，不能贪天之功据为己有，更不能把一切功劳归于自己，把一切错误推给别人。

老子的一条重要管理思想，就是"功成事遂，人皆谓我自然"。一件事情成功了，应当让所有的参与者都能分享成功，一把手切不可沾沾自喜，风光独占。当工作中发生失误时，一把手应当首当其冲，做一块挡板，让上面的锤子首先落到自己身上，以分减下面的压力，而不能把部下当作"钉子"伸出去，被一锤敲死。

在外界看来，在上级领导眼里，一个单位所有的工作成绩都是一把手正确领导的结果，即使这件工作不是你亲自干的。同样，一个单位所有的失误都有一把手的责任，即使这个失误不是你直接造成的。因此，一把手与人争功是没有必要的，向人诿过也是徒劳的，只不过是自欺欺人，反而暴露出自己人格的低下。

大学管理的误区

自由与民主的混淆

自由和民主,这是现代政治生活中使用频率最高的字眼,是泛滥于政治市场经常贬值的"通货",是大学中最为关注又争论不休的概念。

什么叫自由?哪方面的自由?怎样才能自由?对这些问题人们有着不同的理解。

在哲学家看来,自由就是对必然的把握,对客观规律的遵循。

在政治家看来,自由就是解放,不受压迫,不受剥削,自己当家做主。

在法学家看来,自由就是在法律规定的范围内行使权力和享有权利。

在佛家看来,自由就是超脱生死,不再轮回。

在大学看来,自由就是学术自由,兼容并包,百花齐放，百家争鸣。

在某些普通百姓看来，自由就是不受限制，不受约束，自主选择。

民主同样具有广泛的含义。民主是一种思想理念，是一种政治制度，是一种公众权利，是一种组织管理原则，是一种工作作风和工作方法。民主是与专制相对立、与独裁相颉颃、与集中相比较的。

我这里并不想对自由民主问题作广泛的理论探讨，只想就大学组织管理中容易发生的错位和混乱谈点个人看法。

一所大学，不过一二平方公里的地域、三五万人口，就其规模来讲不过是一个小镇子，但其管理的复杂性远不是一个小镇子所能比拟的。

大学首先是一个学术阵地，在学术运行中，正确的方针就是学术自由。所谓"学术自由"，就是思想不禁锢、研究无禁区，任何一种学术观点，只要持之有据、言之有理、态度认真，都允许存在，都可以发表。对于不同的观点、不同的流派、不同的风格，允许自由争鸣，公平竞争。

对于学术争论的问题，不能采取"少数服从多数"的原则，因为真理往往在少数人手里，尊重少数是创新的重要条件；也不能采取"下级服从上级"的办法，因为真理和地位、权力并不总是成正比的。在学术争鸣中，必须以尊重事实为前提，以服从真理为原则，以实践检验为唯一标准，以社会效益为根本目的。如果离开"事实"、"真理"、"实践检验"、"社会效益"这些边界条件和"游戏规则"，那么"学术自由"就会变得随心所欲、信口开河、不负责任、不管后果，完全乱套了。

大学是民主意识最高、民主参与和民主监督能力最强的地方。大学成员文化水平和总体素质较高，信息又比较发达，理应在管理科学化、民主化、制度化方面走在社会前列。这里且不去讨论"民主是手段还是目的"这类分歧，但应当明确我们发扬民主的目的是为了能办好事情，而不能"民主就是一切"，根本不管能不能干成事情、干好事情。民主的前提是因为有不同意见、不同利益，民主的过程就是兼听不同意见，兼顾不同利益，最终能找到一种共识。不管哪种民主形式，最基本的规则还是尊重多数人的意见。你的意见被采纳了，那是民主；你的意见因为多数人不赞成而被否定了，那也是民主。经过民主程序而形成的方案，应当共同执行，共同遵守，不能各行其是。民主的结果不一定科学，但不科学也要执行，以后再经过民主程序去修改。理想的目标是，努力造成又有集中又有民主，又有纪律又有自由，又有统一意志又有个人心情舒畅、生动活泼那样一种政治局面。

在大学中，常常把管理民主和学术自由混为一谈，把彼此的适用区间和运行规则搞乱了。一方面，有些人把学术自由的原则无限制地延伸到政治生活和行政管理之中，不讲政治原则，不讲组织纪律，不尊重行政权威，造成了政治混乱、组织松散和行政效率低下。另一方面，有些人则把政治裁决、行政命令、组织处理等办法套搬到学术领域中，简单粗暴地对待学术争论，破坏了宽松自由的学术环境，挫伤了一些学者进行科学探索和理论创新的积极性。

行政权力与学术权力的交叉

在大学中存在着行政权力和学术权力并行的局面。行政权力是通过行政组织和领导职务来行使的，而学术权力则是以学术能力为资格、以学术评价为尺度，通过各种学术组织和学术人员来行使的。这种学术权力并不是软权力，而是一种刚性的、至关重要的特殊权力，诸如教师的专业技术职称评审、学生的学业成绩鉴定、科研成果的评审、学位的授予等，都需要通过学术组织来进行。这种学术权力在很大程度上主导和规范着各种学术事务，像学术委员会、专业职称评审委员会、教学指导委员会、学位评定委员会、毕业生答辩委员会等学术组织具有很大的权威性和调控力，其裁定结果关系到每个师生的前途命运，它们对师生的影响力并不亚于学校的行政组织。尽管这种学术权力需要行政权力加以确认和保证，但行政权力并不能左右学术权力。

在大学管理中，行政权力和学术权力应当合理划分、规范运行、相辅相成、形成合力，共同服务于学校的总体目标。

大学不是政府机关和行政组织，也不同于一般的企事业单位，它在本质上是一种学术组织。目前我国的大学，"官本位"色彩太浓，"学术本位"色彩太淡，这并非大学自身的过错，而是大环境、大体制使然。在学校的管理体系中，行政权力这只手太大太强，而学术权力这只手又偏小偏弱。两种权力的划分不科学、不清晰，相互交叉过多，二者的制度化、规范化和程序化水平都不够高。我们既要着力改变行政权力过于膨胀、越位较多的状况，又要注意防止学术权力偏离办学宗旨和政策导向的倾向。

大学是一个小社会，管理运行中涉及到行政、学术、政治、思想、文化、人事、财务、后勤保障等诸多领域，必须各按其轨，各行其道，相辅相成，并行不悖，这样才能建立起规范有效的运行秩序。

专家的高明与局限

大学的老师，可以说每个人都是专家。专家就是"深家"。对于自己的专业领域，他们有着高深的见解、独到的认识。专家也是"窄家"，博士也是"窄士"。他们的聪明才智往往聚焦在自己的专业方向上，对其他领域的问题并非样样精通。他们高深的专业背景有时会成为他们理解其他问题的屏障和陷阱。专家常常采用"打靶式"的思维方式，"靶心"就是他们的专业，瞄得很准，而"靶心"之外的世界常常不在他们的视野范围。专家们容易犯的一种思想方法错误就是"坐井观天"。

大学的领导者必须尊重专家，但不要迷信专家。专家都是很自尊、很自信的，有时也难免固执。越是名教授、大权威，越是难以融通。在学校工作中，如果不尊重专家的意见，不借助专家的智慧，那是很愚蠢的，然而要想集中专家的意见也是很困难的。专家意见的总和，往往是不伦不类，让人无所适从。清华大学的建筑学系以擅长搞"大屋顶"建筑而出名，然而他们的"大屋顶"建筑理念，却是在北京大学新图书馆实现的。而清华自己的新建筑系馆，既谈不上"至善"，也谈不上"至美"，比起老的"清华学堂"系馆来，大为逊色，这很可能是"专家意见综合"的产物。

在决策中常常遇到这种情况：越是简单问题的决策越是复杂化，因为大家都懂，都能发表意见；越是复杂问题的决策越是简单化，因为大家不懂，只能被少数专家所左右。有些专家学者不仅治学严谨，而且对其他事物也持严谨求实的态度，"知之为知之，不知为不知，是知也"。也有一些专家学者几乎对所有问题（不管懂或不懂）都提出意见，发表一些"言过其知"的见解，提出某些根本不具可行性的意见，这种出自大专家的"外行意见"令人非常难办。还有个别专家学者养成了一种学阀、学霸作风，唯我独尊，顺之者昌，逆之者亡，你若不赞同他的主张，他就不依不饶地同你作对到底。

在大学工作，最大的好处是有主意，最大的难处是主意太多。难怪有人说，在大学中唯一经常过剩的产品就是"主意"。对大学领导者来说，民主容易集中难。如果领导者自己没有"主心骨"，没有稳定的价值观，其结果必然越是发扬民主，越是乱了方寸，不知所以，"当断不断，反受其乱"。

凡是意见一致的决策，大多数是落后的决策。这如同带领一支队伍前进，不是设法让落伍者跟上来，而是把整个队伍都拉到落伍者的行列，谁走得慢向谁看齐。如果意见不一致就不决策，直到大家满意为止，那就等于放弃领导。凡是超前的决策，抢抓机遇、出奇制胜的方案，几乎都是在争论中拍板的。机遇只有在少数人意识到而多数人尚未意识到的时候，才是含金量最高的。领导者的高明，就在于他能够从七嘴八舌中选取最有价值、最有希望的方案，在争论中敢于当机立断，并且运用自己的智慧把更多的人引领到一个新的境地中来。

教师与校长的矛盾

大学的教师和校长也是一对矛盾。教师是在认识世界的层面上提出问题的，而校长是在改造世界的层面上解决问题的。教师考虑问题常常从"应当不应当"、"合理不合理"出发，而校长解决问题必须讲"现实不现实"、"可行不可行"。教师提意见"说到不必做到"，校长办事情必须"说到也要做到"。

在大学中，时常把办公会开成了学术讨论会，每人发表一通意见就完事大吉，至于谁来落实、如何操办，则没有下文了。在有的教师眼中，似乎认识世界比改造世界更重要。如果一件事办成了，他会说："我早就说过应当这么办。"而如果一件事没办成或没办好，他会责怪领导没本事，"连这么简单的事都办不了"。长此以往，就会造成一种风气：干事的人被批评，总是处于被动的地位；而不干事的人则批评别人，始终立于不败之地。在学校工作中，必须努力缩小校长和教师的思想落差，加强彼此的沟通和理解。

在各类人员中，最难带领的队伍可能就是学者教授了。对教授来说，除了上课是硬约束、不得随意更改外，其他活动有着充分的自由和自主空间。他们不迷信权力，很少有等级观念，也不愿受规章纪律的约束，书记、校长办公室的门想进就进，不管什么会议想说就说。

上述这些现象并不奇怪。如果说干部的职务是由上级任命或群众选举的，必须对上对下负责，那么教授的头衔则是由学术机构评定出来的，不必专门对谁负责。干部的"帽子"是泥做的，随时可能被打破；而教授的"帽子"是铁做的，一旦评上了，就是终生的，领导也无权摘掉。

因此，对教授的工作只凭权力是不行的。对教授的管理，与其说是"管"，不如说是"理"。"理"就是要看得起他们、尊重他们，以礼相待，以情感人，以理服人。"道是无形却有形"，对知识分子来说，用文化精神去"理"比用规章制度去"管"，可能更为奏效。古人讲："业之则不争，理之则不怨，礼之则不暴，爱之则亲上。"对他们身上的缺点要循循善诱，因势利导。任何教育只有转化为自我教育才能起到教育的作用，任何批评只有转化为自我批评才能达到批评的效果。"领导就是服务"，这句话用在教授身上是最合适不过的了。中国的知识分子有着"士为知己者用"、"士为知己者死"的传统，只要学校的领导在同教授的交往中去掉官气，不打官腔，礼贤下士，以诚相见，多结交一些直友、诤友、博闻多学之友，就一定能够理顺同教授的关系，建立起和谐的局面。

思潮的困惑与出路

大学的精神使命

大学是一个国家的思想文化中心，是意识形态领域中极为重要而敏感的阵地，在构建社会精神文明中承担着重大的使命。

大学是追求真理、传播真理的圣地，是创新知识、发展科学的源头。它能够帮助人们在科学理论的基础上树立崇高的社会理想；能够引导人们形成对先进社会制度和正确决策的广泛共识，从而促进社会的团结稳定；能够通过传播新思潮、新文化推动社会的发展变化。

大学是社会文明的灯塔，是时代精神的缩影。大学历来引领社会潮流，倡导文明新风，在破除陈规旧习、创建新的生活方式中发挥着先导作用。

大学是培育民族精神、维系国家文化认同的堡垒，同时也是吸收世界先进文化成果、传承人类文明的窗口，是联结古今、沟通中外的桥梁和纽带。

大学是各种社会思潮的集散地。它总是敏感而迅速地反映着社会各个阶级、各个阶层的政治动向和思想倾向，成为多元思想文化相互交织、相互激荡的一个场所。

大学是公众的"意见领袖"。追求真理的天性和民主自由的空气使得它勇于慷慨陈词、直抒己见，说出别人不敢说的意见。理论思维的发达又使得它善于整合社情民意，使之具有系统化、理论化的色彩。因此，大学成为左右社会舆论的一支重要力量。

大学是社会的思想库和智囊团。它不仅能够在回答社会热点问题、为公众解疑释惑方面提供思路和答案，而且能够为政府的科学决策提供理论依据和优化方案。

大学最根本的任务是培养有理想、有知识、有文明教养的一代新人，并通过这些新人去创造民族的未来，影响国家的前途。

大学的力量不是权力的力量，而是精神的力量。一方面，可以说，大学是软弱无力的、不堪一击的；另一方面，也可以说，大学是坚不可摧的、不可战胜的。

鉴于大学的重大精神使命和巨大文化力量，因此大学中的思想文化现象就决不只是单纯的学术问题或是仅限于学校范围内的事情，而是关系社会、关系大局、关系未来的事情。政治家、执政者从社会政治的角度来看待大学中的思想文化现象是理所当然的，而作为大学的领导者也应当从学术和社会的双重视角，来审视学校中的思想文化现象，以对学校负责和对社会负责的一致性，来建设和治理学校的思想文化环境。

文化高地的风采与伤痛

自从上个世纪初北大领军新文化运动以来，在近一个世纪里，北大始终是中国思想文化领域中的一个高地、一面旗帜、一个风向标，一直走在思想解放、理论创新的前列，成为引领文化潮流、勇开时代新风的前哨阵地。北大这种独领风骚的地位，并不是自封的，而是在长期实践中形成的，是社会公认的。它为北大赢得了崇高荣誉，也使得北大命运多舛。当思想禁锢、文化专制被强力推行的时候，奉行"思想自由，兼容并包"的北大无疑就成为一个"危险的因素"了。

从上世纪50年代后期到70年代末的二十多年里，

"左"的思想愈演愈烈,在思想文化领域中形成了一套以阶级斗争为纲,以政治运动为中心,以灭资兴无、斗私批修为基本方针的指导思想,把一切学术争论和观点分歧全方位地纳入阶级斗争、政治斗争的框架中。在"用阶级和阶级斗争观点"分析一切的思维方式下,任何理论探索和自由争鸣都难以展开。在个人迷信、本本主义盛行的环境中,现行的一切观点、说法和政策都被神圣化,任何异议和超越都被视为大逆不道。1957年马寅初和毛泽东关于人口问题的分歧,本来是正常的学术争论,而且后来的实践证明了马寅初的观点是正确的,但在当时马寅初控制人口的观点却被视为反马克思主义的观点和资产阶级的学术思想,不仅马寅初本人受到了不公正的待遇,而且产生了严重的社会后果。正如人们后来所说的:"错批一个人,多了几亿人。"

在北大,文人相轻的习气和追求一鸣惊人的特点造就了一批两头冒尖的人物。毛泽东曾经用阶级斗争的语言描述过北大的这种现象:"左派特别活跃,右派也在顽抗、破坏","凡是右派越嚣张的地方,他们失败就越惨,左派就越起劲"。一旦外部有风吹草动,两头冒尖的人就在内部争斗起来,互相上纲,互不相让,有时文人整起文人来一点都不手软。因此，在历次的政治运动、大批判运动和反倾向斗争中，北大都搞得比其他单位更激烈、更过火，伤害的人更多。

到了上世纪60年代，一些上层领导人对北大的政治偏见和不信任情绪更加强烈，认为北大是一个封资修势力"盘根错节"的地方，是被资产阶级知识分子把持的"反动堡垒"。翦伯赞、冯友兰等一批知名教授都属于资产阶级反动学术权威，应当打倒。一些上层人物暗中插手北大，鼓动北大内部起来造反。在1966年6月1日，毛泽东看到北大聂元梓等人造北大党委反的大字报后，认为这是"第一张马列主义大字报"，立即指令"由新华社全文广播，在全国各报刊发表"，并批示说："北京大学这个反动堡垒，从此可以开始打破。"在《人民日报》发表的《欢呼北大的一张大字报》的评论员文章中，又公开抨击北大党委说："你们的'党'不是真共产党，而是假共产党，是修正主义的'党'。你们的组织就是反党集团。"从此，一场从北大开刀殃及全国的十年浩劫拉开了序幕。

改革开放以后，北大才逐步恢复了创新的活力和学术的风采。

文化振兴的根本之道

世界的本质在于"多",而不在于"一"。在自然界,单一物种会很快灭迹。在社会,单一文化也难以持久。正是文化的多样性、差异性,构成了生机勃勃、多姿多彩的文化生态系统。多元共生,这才是繁荣的标志、活力的源泉、强大而持久的保证。

历史上任何一种强盛而持久的文明形态都不是单一文化自我繁衍的结果,而是多元文化相互交融、有效整合的产物。中华文明所以奔流不息,绵延五千年而不断线,根本原因就在于中华文明以"和"为核心理念,和而不同,兼收并蓄,厚德载物,自强不息,形成了多元统一的基本格局。和而不同、多元统一,这是中华文明的精髓,是关系兴衰存亡之道。什么时候坚持了这个理念,中华文明就生机勃勃、繁荣兴盛;什么时候背离了这个理念,中华文明就失去活力、衰落凋敝。中国历史上几个太平盛世的出现,一个重要的文化原因,就在于奉行了这一理念。

"百花齐放,百家争鸣",这是我国发展文化、繁荣学术的基本方针,是从文化发展的正反经验中得出的正确结论。

对于思想文化中的不同观点、不同意见、不同流派、不同风格，怎样判断其真伪、是非、优劣呢？地位高低、权力大小、人数多少，这些都不是裁判的标准，只有实践和时间才是最公正的裁判官。古今中外，昨是今非、昨非今是的现象屡见不鲜。有些文化艺术中的不同种类、不同流派、不同风格，本无所谓对错优劣，也用不着谁来裁判。比如京剧旦角中的梅、程、荀、尚四大流派，歌曲表演中的民族、美声、通俗、原生态四种唱法，究竟谁好谁不好呢？这完全取决于观众的审美习惯、兴趣爱好，用不着区分高下，也不必统一认识。

提倡"百花齐放"，就是坚持"真理面前人人平等"的原则，承认多元思想文化的生存权，给予其公平展示的机会。一花独放不是春，只有百花齐放才是文化艺术的真正春天。实行"百家争鸣"，就是给予人们独立思考的空间，追求真理的自由。争鸣的过程就是人们发现真理、接受真理、完善真理的过程。对于争鸣中的偏颇和探索中的失误，应当奉行"不打棍子，不扣帽子，不揪辫子"的"三不主义"。对于人民内部的思想问题，用禁止、压服的办法不能奏效，相反，往往是禁而不止、压而不服。你可以让人们不说，但不能让人们不想。对于不同学术观点，采用斗争、批判的办法更是有百弊而无一利。很难相信，一个人的观点靠七斗八斗就能改变过来。在"文革"中曾被扬言"批倒批臭，扫进历史垃圾堆"的孔孟之道、儒家学说，今天不是又恢复了它应有的地位和尊严了吗！

实行"双百"方针，需要有一种宽容、宽松、宽厚的社会心态和思想环境。宽容是多元共生的条件，是避免多元冲突、矛盾激化的缓冲地带，也是求同存异、最终达成社会共识的途径。宽容不是弱者对强者的乞求，也不仅是文人之间的包容性美德，更重要的是对强者、对当权者而言的。只有有权有势的人才有讲宽容的资格。作为领导者应当懂得，对待文化人，处理文化事，不要轻率地显示权力，动用权威，而应当尊重思想自由的价值，承认多元共生的权利，容忍异己声音的存在，慎用手中权力，避免强加于人。

当然，任何宽容都不是无原则、无边界的，它必须以合法为原则，以不伤害他人利益和公共利益为界限。正如伏尔泰所说：由于他们不是疯狂者，所以才值得被宽容。

我们见识过这样一类学者：他们自以为"世人皆

浊我独清，世人皆醉我独醒"，几乎看不惯周围的一切，与现实社会格格不入。

他们以"思想者"、"批判者"自居，不愿去做任何脚踏实地的建设性工作，对行动者、建设者总是百般挑剔，对油盐酱醋茶等生活事务懒得理睬，对国家利益、社会大局也满不在乎，似乎是一种不食人间烟火的超人。

他们凭借着一点小才气、小聪明便傲视一切，天地之间唯我独尊，别人朝东他偏朝西，语不惊人死不休，处处显示与众不同。对过去的一切他们都要重新评价，而且专门喜欢挑战名人，以为只要和名人交火自己也便是名人了。

他们希望得到别人的尊重，而自己从不懂得尊重别人；他们希望别人宽容自己，而自己从不想宽容别人。

这种人实际上是学术队伍中的害群之马，是自由宽松环境的干扰者和破坏者。

在社会的多元意识形态成分中，并不是不分主次、平起平坐、各行其道、互不干涉，其中必定有一个占主导地位的主流意识形态，这种主流意识形态应当与社会的经济基础和上层建筑密切适应，应当具有先进性、普适性，对其他意识形态具有统领和整合的作用。

中国是一个大国，地域辽阔，人口众多，56个民族经过数千年的分分合合而整合成一个统一整体，再加上地区之间、民族之间、各种人群之间在发展水平、文化特点、宗教信仰、生活习俗等方面有很大差异，因此必须有一个统一的指导思想、共同的社会目标以及为绝大多数人所接受的公共价值观，否则，就会四分五裂，一盘散沙，纷争不已。

在当今中国，这种统一的指导思想和主流意识形态就是马克思主义。这种马克思主义不是外部力量强加的，也不是照抄照搬过来的，而是中国化的马克思主义。这种中国化的马克思主义必须适合中国国情，扎根中国文化，以能够解决中国的实际问题为目的。毛泽东思想、邓小平理论和"三个代表"重要思想，是马克思主义中国化的三大理论成果。这三大理论成果都紧紧围绕着"拯救中国"、"振兴中华"这两个近现代中国的头号问题，正确地回答了怎样进行中国革命、怎样建设社会主义、怎样建设中国共产党这些根本问题，以强国富民的实绩赢得了人民的信赖，并被以国家根本大法的形式确立为指导思想。在当代中国，只有这些理论而没有别的理论能够解决国家的前途命运问题，实现中华民族的伟大复兴。我们决不能轻信别人的诱惑或屈服于外部的压力，轻易地放弃自己的指导思想。

多元激荡的文化发展趋势

在实事求是的思想路线重新确立以后，随着思想禁锢的不断破除、思想解放的不断深化，我国的理论界、文化界、学术界打破了以往的沉寂局面，焕发出了前所未有的热情，理论探讨空前活跃，学术争鸣蓬勃展开，这是理论创新的广阔舞台，是马克思主义者施展身手的大好机会。尽管这种活跃中不乏混乱，存在着杂音和干扰，但总体上说，它适应了改革开放的需要，冲击了一切不合时宜的旧体制、旧观念，为深化改革、扩大开放开辟了前进的道路。

社会主义市场经济体制的逐步建立，造成了经济成分的多样化、就业方式的多样化、组织形式的多样化、利益关系的多样化，不可避免地带来了人们思想观念的多样性、自主性和选择性，思想文化多元化这已是一种不争的事实。

经济全球化和信息传播技术的迅速发展，把整个世界连成一片，它打破了文化的地域封锁，使"思想无国界"变成了真正的现实。一张"互联网"几乎把所有国家一网打尽，网在其中。跨国文化传播可以越过政府、越过海关、越过千山万水轻而易举地进行，形成了你中有我、我中有你的难解难分的局面。各国的实力有强弱之分，但各国的文明无优劣之别。不同文明之间应当对话而不对抗，交流而不封闭，兼容而不排斥，努力追求费孝通先生所说的"各美其美，美人之美，美美与共，天下大同"的理想境界。当前，某些西方强国凭借强大的经济实力、先进的科技手段和丰富的市场运作经验，强势推进西方文明，企图用自己的文明模式一统天下，我国民族文化的生存发展受到了严重挤压。有人曾经设想在打开门户时装上纱窗，只让新鲜空气进来，而把苍蝇蚊子挡在外边，其实这是一种很幼稚的想法，根本不具有可操作性。

党的十六大报告高度概括了当今世界文化发展的两大显著特点：一是文化与经济和政治相互交融，二是世界各种思想文化相互激荡。这种多元思想文化相互激荡的过程，是一个先进文化和落后文化、民族文化和外来文化、健康文化和腐朽文化、现代文化与古代文化之间有吸纳又有排斥、有融合又有斗争、有渗透又有抵御的复杂过程。我们应当适应这种多元思想文化相互激荡的状况，不能企求回到过去那种舆论一律、一种观点畅行无阻、一种声音一呼百应的局面。不要一发现异己的意见就惊慌失措、随意指责、追究责任。在文化建设中，如果妄自尊大、封闭自守，拒绝学习借鉴其他先进理念和文明成果，那就意味着自我衰落。如果妄自菲薄、盲目崇洋、数典忘祖，那就意味着自取灭亡。根本的出路在于把中国自己的先进文化做强做优，不断增强自身的实力、活力和竞争力。

思想文化多元激荡的状况不是坏事，也并不可怕，它为理论创新、学术发展提供了肥沃的土壤。真正的科学理论和先进文化是不怕经风雨、见世面的。有多元才能筛选，有比较才能鉴别，有竞争才能自我奋进，有斗争才能提高自己的战斗力。

北大的讲座是校园中一道亮丽的风景线，它充分体现着北大的文化特点和精神魅力。北大有上百个学生社团，每年举办近千场各类讲座。如果说学生的课堂教学是严格按照教学计划、教学大纲，有组织有计划进行的，那么讲座则有很大的广泛性和自由度。只要在布告栏里发个海报，学生愿来就来，想走就走，完全是自主自愿，来去自由。在学生中流行着一种不成文的潜规则，这就是"课堂教学可以不去，但精彩讲座不能不听";"听得懂要听,听不懂也要听";"我不一定赞同你的观点,但尊重你的思想自由"。有些名师大家的讲座,学生常常提前几个小时去抢占座位。这些学生社团很有本事,官方请不来的一些名人、要员,学生却能请来。有些名人宁可不要报酬、不用招待也愿意前来北大开讲座,他们把在北大开讲座看作是一种荣耀。

这些讲座的突出特点是具有创新性、探索性、多元性、民主性,其中传达的多是一些新信息、新知识、新观点和新的研究成果,是处于科学文化前沿的东西。讲座的方式不是单向的灌输,而是互动的交流,有问有答,有来有往,相互切磋,平等讨论,教学相长。讲的东西新鲜生动,学生可以鼓掌;讲的东西陈旧乏味,学生可以鼓倒掌。鼓倒掌固然不够礼貌,但对演讲者来说是一种及时的现场反馈,促使他迅速改进,免得耽误时间。同时对后来者也是一种警示:北大的讲坛可不是好占领的,"没有金刚钻,就不要揽这个瓷器活"。

学校办讲座的目的,不是为了给学生提供现成的答案,而是为了启发学生思考问题;不是希望学生简单认同,而是为了使学生从多角度观察世界。总之,是"存心"要营造一种多元文化交织的环境,让学生开阔学术视野,接触前沿知识,学会筛选,学会吸收,学会拒绝,学会抵御,鼓励独立思考,启发创新思维,增强免疫能力。比如举办一个各国驻华大使的系列讲座,每个国家的大使都会宣扬本国的历史现状、风土人情、价值观念、宗教信仰、社会模式、对外政策等等。这样,展示在学生面前的就是一个多极化的充满着矛盾冲突的现实世界,这无疑是最生动具体的当代国际政治课。如果有人把这个讲座提升到意识形态斗争的高度来加以质疑,认为是"放弃社会主义思想阵地,为资产阶级思想大开方便之门",那事情就麻烦了。学校对这些五花八门的讲座也是提心吊胆,唯恐出了娄子,惹出麻烦。要取消这些讲座比较好办,而要管理好这些讲座则非常困难。因为对这些讲座不可能事先审查,不可能现场调控,也难以事后追究,唯一可行的办法就是加强对学生社团的管理,教育引导好社团的骨干,对倾向不好、经常违规的社团加以必要的限制。

处理思潮问题的经验教训

在大学工作，你几乎天天都会遇到思潮问题，天天都会同思潮打交道。究竟什么是错误思潮？谁来裁定错误思潮？要不要集中力量加以整治？怎么整治？整治到什么程度？这些问题敏感度很高，政治性、政策性也很强。

改革开放以前，曾经开展过多次反对错误思潮的斗争，其中的是是非非、恩恩怨怨、经验教训，这里就不再讲了。改革开放以后，我们也时常受到思潮的困扰，在处理思潮问题上碰到过不少棘手的问题。

一 如何反对"左"、右倾向

对于改革开放中的错误思想，邓小平有过一个总体判断。他认为，在改革开放和现代化建设中，既有"左"的干扰，也有右的干扰，但根深蒂固、危险最大的还是"左"的东西。对于"左"和右要作具体分析，要有明确的界定。所谓"左"，主要是搞教条主义、本本主义那一套，固守僵化的社会主义模式，把改革开放说成是引进、发展资本主义，动不动就挑起姓资姓社的抽象争论。所谓右，主要是搞资产阶级自由化，主张中国"全盘西化",走资本主义道路。不论"左"和右,都是干扰改革开放,阻挠中国特色社会主义建设,不存在"左"比右好或是右比"左"好的问题。反对错误思潮,既要旗帜鲜明,也要实事求是。有"左"就反"左",有右就反右,要警惕右,但主要是防止"左"。

错误思潮的存在是个长期的现象,应当警钟长鸣,但不能天天围着错误思潮转而忘记了我们的中心工作。只有当错误思潮真正形成"气候"、造成严重的思想混乱、危及到社会安定团结时,才应当集中加以整治。纠正"左"右倾向,都不要随便上纲,不要人人过关,不要搞运动,尤其涉及人的处理要十分慎重。当错误思潮被控制,干扰被排除后,应当把注意力迅速集中到中心任务上来,一心一意搞建设,聚精会神谋发展,千万不要把排除干扰的斗争当成了正面作战的主战场,且战且走,渐行渐远,重新回到过去那种"以阶级斗争为纲"的思维方式和行为方式中去。

二 如何对待改革中的理论探索

理论创新很不容易,社会科学领域的理论创新比自然科学领域的理论创新更加艰难。在我国"官本位"意识很浓厚的情况下,来自民间的理论创新需要冒很大的风险。

理论的生命在于创新。任何组织，不管它曾经多么强大，如果不改革，势必走向衰败。任何理论，不管它曾经多么神圣，如果不发展，势必走向僵化。

对待理论创新，邓小平提出两条重要原则：一是老祖宗不能丢，二是敢于说老祖宗没有说过的"新话"。邓小平理论中最精彩、最管用的部分，正是他说出了老祖宗不曾说过的"新话"。比如关于社会主义初级阶段的论断，关于社会主义本质的论断，关于社会主义市场经济的论断，关于"三个有利于"的价值标准，关于"一国两制"的构想，等等。邓小平的伟大历史贡献，就是他赋予社会主义以新的内涵，大大改善了社会主义的形象，通过改革开放找到了一条更新社会主义的道路。

历史的经验告诉我们，外部政治强权的干涉、学界内部的权威压制、学校当局的行政管制，是影响理论创新的三个外在因素。而"信而好古"的传统观念和教条主义、本本主义的束缚，是妨碍理论创新的内在原因。长期以来，大学的理论研究受教条主义、本本主义的束缚太多，前人没说过的话今人不敢说，上面没讲过的话下面不敢讲，没有政治权威的推动理论创新很难进行。这种状况同改革开放的要求很不适应。

改革需要理论支持。任何体制和政策的突破都需要以理论突破为先导。一些超前性的理论探索和创新观点，由于它突破了传统说法和流行的正统观点，冒犯了现行体制和现行政策的权威，因而在开始阶段常常受到习惯势力的攻击，甚至遭到某些领导的批评，被当作错误思潮对待。面对来自上下左右的压力，学校领导如何对待这些创新观点和理论创新者，这是一个颇费脑筋的问题。

在上个世纪八九十年代，我国围绕经济体制改革的理论争鸣非常活跃。北大的一些学者提出了一系列大胆的创新观点，主张我国的经济体制改革应当以市场经济体制为取向；国有企业应当改制，实行所有权和经营权分离，进行股份制改造；应当支持发展私营个体经济；应当积极发展股票市场等。这些观点不仅在理论界引起很大争议，而且遭到某些领导部门的严厉批评，被认为是"瓦解社会主义的经济基础"、"鼓吹私有化"、"有自由化倾向"。他们把这些学者视为可疑人物，列入另册，予以冷遇和歧视。此一时，彼一时也。几年之后，这些曾被视为"错误思潮"的观点大为流行，其中不少观点为党和政府所采纳，被吸收到指导理论和方针政策中。如果当时学校领导屈从于社会压力，采取某些简单化的措施，那不仅会挫伤学者的创新热情，影响经济改革的进展，而且会造成长久的政治被动。在1998年纪念党的十一届三中全会召开二十周年座谈会上，厉以宁先生颇为感慨地说：如果不是邓小平提出的"解放思想，实事求是，实践是检验真理的唯一标准"的思想路线，如果倒退到二十多年前，我可能被再次划为右派。

对待改革中的理论探索，大学领导应当采取以下原则：

在任何情况下，要坚定不移地贯彻学术自由的方针，维护创新的环境。在学术问题和政治问题纠缠不清时，应当"就低不就高"，先作为学术问题对待。

对于理论创新人才，要敢于保护和善于保护，勇于为他们分担责任、缓解压力、减少干扰，使他们能够继续推进和完成理论创新。任何新生事物开始都是不完善的，不能苛求责备。任何创新活动都有两种结果：正确或错误，成功或失败。科学探索不能简单以成败论英雄。对大学来说，探索真理的精神比结果更可贵。

对待外部的压力和上级的批评，学校领导要沉着应对，不要跟风跑，不妨"一慢二看三通过"。"一慢"，就是对外不急于回应，对上不急于交账，对创新观点、创新人员不急于判断，不急于处理。"二看"，就是看发展、看变化、看长远，不为眼前的是非争论所左右。"三通过"，就是只有把事情弄清楚了，是非曲直心里有底了，政策界限把准了，才能有所行动。

三　如何对待纯学术研究

在大学中，总会有这样一些教师：他们埋头读书，潜心做学问，致力于纯学术研究，颇有一种"学海无涯苦作舟"的精神。他们唯一追求的是学术价值，至于学术成果如何转化、如何应用、如何服务，则不大关心。

对政治活动，他们采取敬而远之的态度，不过问，也不参与。既不为现实的政治服务，不为当局的政策注释，也不与现实的政治作对，不惹政治的麻烦。

对现实生活中的事情，他们采取超然的不偏不倚的立场，"用第三只眼睛看世界"，有时也会说一些不合时宜、不识时务的话。对于专业领域的事，他们很"精"；对专业以外的事，他们很"傻"。

这些教师如果在上世纪六七十年代，一定会被认为是"三脱离"（即脱离政治、脱离社会、脱离群众）的知识分子，是走"白专道路"。在今天，也会被一些人认为是思想政治上有问题的人。

我们大学中应当养一些这样的学者，让他们埋头去做自己的学问，不必强人所难，非要他们去参与政治活动，从事现实服务。一个国家、一个单位，人人关心政治、人人参与政治，并不一定是好事情，如果让不懂政治的人去参与政治，反而会闹出许多荒唐事，惹出很多不必要的麻烦。在当今商业味很浓、功利心过重的环境中，他们能耐得住寂寞，坐得住冷板凳，静心做学问，倒是很可贵的。这种"书呆子"，比那些急功近利、喜欢凑热闹的学者要好出许多。

对待大学的学术研究历来有两种态度：一种主张与社会经济政治紧密结合，一种主张与社会经济政治保持距离；一种主张为现行的国家战略服务，向社会提供即时的直接的利益，一种主张只要做好学问，发展科学文化，那就是在更高层次上实现了国家的目标，促进了社会的发展进步。这两种态度应当结合互补，不宜偏废。我们的大学，既应当鼓励多数教师关注社会需求，服务国家战略，也应当允许一些教师从个人的兴趣和爱好出发，超脱现实的功利，从事纯学术研究，去追求更加遥远的目标。

学潮的风险与对策

学潮发生的原因是什么

学潮是各国共有的一种社会现象，只要有大学，只要有大学生，就避免不了发生学潮。

中国的青年学生历来有"天下兴亡，匹夫有责"的强烈责任感。自从汉代设立太学起，就开始有了学潮。东汉时期，曾有数万太学生讥讽时政，裁量公卿，成为左右舆论的一支强大力量，结果遭到朝廷的严厉镇压。此后的历代王朝，虽然都严禁学生干政，但学生"以天下为己任"的政治参与热情并未熄灭。从中国第一所现代综合性大学——京师大学堂建立以后，面对国势衰微、外强入侵、政权腐败的局面，青年学生奋起呐喊，英勇抗争，前仆后继，表现出可歌可泣的爱国精神。从1903年的拒俄运动，到1919年的"五四"反帝爱国运动，到1926年的"三一八"惨案，到 1935 年的"一二九"抗日救亡运动，再到 1946 年的"一二一"反内战运动等，在推翻帝国主义、封建主义、官僚资本主义这"三座大山"，创建新中国的历史进程中，爱国学生运动确实写下了辉煌的篇章。毛泽东主席曾经高度赞扬爱国学生运动在中国革命中起到了"先锋和桥梁作用"，"立下了伟大的功劳"。中国共产党在如何发动和领导学生运动方面也积累了丰富的经验。

学潮绝不是孤立的学生行为，也不只是因为学校当局教育无方造成的。从根本上说，大学是政治动向的"晴雨表"，大学生是社会生活的"扁桃体"，学潮是社会安定的"预警器"，它是社会矛盾积累到一定程度的爆发，也是社会思潮和群众情绪的外化表现。俄罗斯学者皮洛哥夫曾说过，大学集中体现了当时的社会，是社会的最佳晴雨表。如果你不喜欢这个晴雨表所指示的，那你也一定不要把它打碎或藏起来。对你来说，最好是仔细查看这个晴雨表，并且根据其读数行事。人的扁桃体所以发炎是因为受了外界病毒的侵染。要想防止扁桃体发炎，一是固本强体，二是清除外界的病毒。因此，化解社会矛盾，清除精神污染，疏导社会情绪，促进社会和谐，这才是防止学潮的根本之策。

学潮是青年学生关心国家大事、参与社会政治生活的一种群体行为，是他们表达自身政治诉求、维护自身权益、发泄对某些社会现象不满的一种有力武器。"春江水暖鸭先知"，在历来的社会变动中，青年学生往往都是最为敏感、充当先锋的一支力量。然而，学生运动并不总是进步的、正确的、有益的。正如毛泽东主席所说：中国青年运动历来有两股潮流，一股是革命的潮流，是代表着民族的前途、跟老百姓站在一块的；另一股则是反动的潮流，是逆流，是背离民族的前途、与广大老百姓对立的。有时候，学潮会成为社会变革的先导，推动历史的进步；有时候，学潮会成为社会动乱的信号，引发严重的社会危机。正是因为学潮的这种敏感性、两面性及其强大的冲击力，因此任何政治势力都非常关注学潮，绝不敢掉以轻心。能不能恰当地应对学潮，成为对执政当局政治水平和执政能力的严峻考验。

青年学生历来是社会中最敏锐、最活跃又最不稳定的一个群体。他们最肯学习，最少保守思想，最易接受新生事物，但也容易思想偏激，起伏摇摆。他们追求未来，富有理想，但也容易不满现实，愤世嫉俗。如果说成年人的行为逻辑是"三思而后行"，那么青年人的行为逻辑则是"三行而后思"。成年人为了事后不后悔，宁可事先不冒险；青年人则往往事先去冒险，碰了钉子之后又后悔。

某些大学生，特别是某些名牌大学的学生，常常自命不凡，以"社会精英"自居，自认为是真理的探索者、公众的精神领袖。一旦哪天晚上萌生出一个奇特的想法，便以为发现了真理，第二天就想去试一试，号召群众跟自己走。他们把自己的想法绝对化，认为这是唯一高明的治世良方，谁不接受这个方案谁就是无知、保守、僵化甚至反动。既然自己的理想如此伟大，当然就有权采取一切行动，至于会付出多大代价，造成什么社会后果，则不予考虑。殊不知，社会不是一个实验室，不能乱开药方，更不能随便把什么方子都拿来试一试。如果社会吃错了药，就会发生错乱、动荡、分裂、倒退、经济衰落、民不聊生，造成难以挽回的后果。苏东剧变的前车之鉴难道不足以发人深省吗？

当代大学生是青年中的佼佼者，又多是独生子女，是在一种优裕的环境和受人宠爱的氛围中长大的，这造成了他们天生的心理缺陷。一位哲人曾经说过，被宠坏的孩子长大以后很可能成为社会上危险的群体。

一旦他们感到在别人心目中不再是最重要的角色了，不能轻易地得到自己想要的东西了，便会怨恨周围一切，盲目地同一切不赞成自己的人作斗争，而且会固执地坚持到底。学生的这种特点，是发生学潮的一个重要内在因素。

中国实行改革开放政策后的前十几年，是学潮的高发期，仅上世纪80年代，就发生了好几次波及全国的重大学潮。其中1986年秋冬时节发生的学潮持续了三个多月，从南方蔓延到北方，波及许多大中城市，最后导致了中央最高领导人的更替。1989年春夏之交发生的学潮更是旷日持久，愈演愈烈，在首都演变为大规模的政治动乱，最后不得不用非常手段加以平息。

就这些学潮的直接诱因来说，有的是涉及内政问题；有的是涉及外交问题，如抗议日本否定侵华历史，抗议美国轰炸我国驻南斯拉夫使馆，抗议某些国家的反华势力迫害华人华侨等；有的是涉及学生的切身利益问题，如社会治安、校舍纠纷、办学条件等；有的是表达对某些不良社会风气的不满，如官僚主义、干部的腐败行为等。在这几次政治学潮中，反映出的一个突出特点和政治倾向是"全盘西化"的倾向，即资产阶级自由化的倾向。不管参与学潮的学生是否意识到或者是否愿意承认，这种学潮本质上是关于中国发展道路、改革模式和社会制度选择的严肃政治较量，是国际政治斗争的一种表现，用邓小平的话来讲，这是国际大气候和我们自己的小气候所决定的。在历史转折中，青年学生容易产生混乱和偏激。外来的思潮令他们眼花缭乱，而他们对自己的东西又缺乏信心，对中国特色社会主义尚未形成定识。尽管参与学潮的绝大多数学生并不反对党的领导和中国特色社会主义，但学潮中成千上万的人所形成的汹涌澎湃之势，无疑给党和政府造成了巨大压力。在关系社会制度、发展道路、国家前途和人民根本利益的重大选择面前，党和政府决不会屈服于任何内外压力，也不会顺着西方国家的廉价掌声把自己送进坟墓。

这种以"全盘西化"为特点的学潮，在客观上也帮了"左"的势力的忙，使得他们更加理直气壮地固守僵化的体制模式，阻挠改革开放。每次学潮之后，都不同程度地出现"左"的思想的回潮。邓小平同志总是及时提醒大家，党的十一届三中全会制定的路线、方针、政策没有错，"一个中心、两个基本点"的党的基本路线没有错，"三步走"的战略目标没有错，要照样坚定不移地干下去。基本路线要管一百年，动摇不得。中国如果不坚持社会主义，不改革开放，不发展经济，不改善人民生活，只能是死路一条。

中国二十多年改革开放的成功实践，使中国特色社会主义日益深入人心。有关中国的发展道路和改革模式，不仅在国内形成了高度的共识，而且在国际上产生了广泛的影响。曾经困扰我们多年的学潮逐渐平息下来，但并不意味着从此天下太平，层出不穷的新矛盾、新问题以及某些积重难返的老问题，仍然可能导致新的学潮或其他不安定事端。

"月晕而风，础润而雨"，政治性学潮的爆发都是有先兆的。判断政治性学潮会不会发生，一般需要注意以下几个条件：

一是某些社会矛盾趋于激化，热点问题趋于集中，群众中的不满情绪聚焦在一两个突出问题上；

二是政治理论发生混乱，某些偏颇观点公开流行，错误思潮开始泛起，舆论导向发生严重倾斜；

三是公众对形势的判断信心不足，对政府和政策的信任趋于下降，浮躁不安情绪开始上升；

四是小范围的闹事不断发生，闹事的领头人物逐渐形成，地下非法组织浮出水面，某些敌对政治势力介入学校，同闹事的领头人物发生接触。

如果具备以上条件,再有某个突发事件做导火索,那就可能引发政治性学潮。

在1989年那场政治风波前夕,北京市对高校学生的思想政治状况进行了大规模的问卷调查和座谈访谈,调查的结果显示:前苏联总统戈尔巴乔夫关于民主人道社会主义的观点在高校学生中颇为流行;对于政治多元化、多党制和政治公开性等观点,有半数以上的学生表示认同;对于党和政府开展反腐败斗争、抑制物价上涨等取得的成效,三分之一以上的学生表示不满。当时的调查报告认为,大学生的信仰、信任、信心发生了危机,思想的混乱程度超出了社会稳定的警戒线,需要高度重视和警惕。果然时隔不久,北京就发生大规模的学潮和动乱。

学潮的风险在哪里

学潮一旦蔓延开来,便如同打开了"潘多拉盒子",既缺乏内部的自控力,也很难从外部驾驭,其发展、演变和导致的结果都是难以预料的。

"文化大革命"初期,毛泽东主席大力支持红卫兵起来造反。他曾经设想用半年左右时间让学生停课闹革命，寄希望于在大风大浪中造就一批革命接班人。不料，红卫兵运动像脱缰的野马完全失去了控制。一些红卫兵为所欲为、无法无天，肆意进行打、砸、抢、抄、抓，后来发展到怀疑一切、打倒一切，无政府主义严重泛滥。他们从破"四旧"、斗"走资派"，转为打派仗、争山头、搞武斗，造成了全面内乱和空前浩劫。对此，毛主席极为失望。

1968年7月28日凌晨，毛主席在紧急召见首都红卫兵"五大领袖"时严厉批评说：你们一不斗、二不批、三不改。斗是斗，搞武斗。你们头脑膨胀，浑身浮肿，谁的话都不听，连我的话也不听了！随后，毛主席决定，派工人、解放军宣传队进驻大学并领导教育革命，从此开始了一个"工人阶级在上层建筑包括意识形态领域中对资产阶级实行全面专政"的特殊时期。广大青年学生则被派往工厂、农村，接受工人、贫下中农再教育。当年曾风云一时、不可一世的首都红卫兵"五大领袖"——聂元梓、蒯大富、韩爱晶、谭厚兰、王大宾，在"文革"结束后都受到了严厉惩处。

任何大规模学潮，都难免出现"泥沙俱下，鱼龙混杂"的局面。参与学潮的人群，本来就是一支松松散散、来去自由的队伍，既没有进行资格审查，也谈不上组织纪律。不论游行、示威、集会、静坐，靠的就是人多势众，越热闹越好，这就为各种面目的人加入学潮敞开了方便之门。绝大多数学生参与学潮，都怀着满腔热忱和忧国忧民之心，然而他们并不能左右学潮的方向，而真正主导学潮的力量，都是秘而不宣、隐而不显的。有些政治势力介入学潮，是为了把学潮纳入自己的轨道，他们不断寻找时机，以求得逞，企图借助学潮来达到自己的政治目的。有些社会渣滓和反社会分子混迹学潮，是为了趁火打劫，乱中取利，发"国难财"。这些不同背景、不同动机、不同追求的人混杂在一起，什么事情都可能发生。但不论发生什么坏事情，账都会记在学潮的头上。

学潮就像一根导火索，它会引发群众的不满情绪，把潜伏的社会矛盾公开化、表面化，许多人都想利用学潮的压力来解决自身的问题。学潮一方面会猛烈冲击政府部门的官僚主义习气，使得一些本来应当解决但久拖不决的问题迅速得到解决，但另一方面又会把各种积存的矛盾一古脑儿地推到政府部门面前。面对学潮中冒出来的种种短期利益压力集团，政府部门失去了从容应对的空间。人们一旦尝到了闹事的甜头，便会胃口大增，形成一种"什么都要，现在就要"的心理，从而引发社会的危机。

　　自发性学潮都是一哄而起、仓促发生的，学潮的指挥力量也是临时拼凑起来的，其成员参差不齐，内部派系林立，各路人马都是"绿林好汉"，野心勃勃，谁也指挥不了谁。这种状况，使得学潮就像一部只有加油系统而没有刹车装置的汽车，很容易失控，很容易转向，很容易打乱仗，也很难收场。1989年政治风波时，在天安门广场安营扎寨的数十万学生和民众中，并存着若干个临时"指挥部"，其中有首都"高自联"（首都高校学生自治联合会）的，有首都"工自联"（首都工人自治联合会）的，有"外自联"（外地学生自治联合会）的，有"绝食团"的，有"广场纠察队"的，还有许多名目繁多的自发组织。这些大大小小的"指挥部"，都是自封的，有名无实，领头人物像走马灯一样换来换去。他们既指挥不了广场的学生，彼此之间也很难协调沟通，完全处于混乱无序的状态。在"五二〇"戒严之前，绝食的学生情况比较危急，他们曾几次派人或带话出来，希望同有关部门对话谈判，找到一种比较体面的办法"下台阶"，尽快结束绝食。但不参加绝食的自发性组织却以绝食学生为人质，主张对抗到底,不达目的,决不罢休。当时首都一些高校的领导非常焦虑,为尽快结束绝食静坐进行了多次斡旋,但都无功而返,从而最终酿成了这一事件的悲剧后果。

学潮中的领头单位,一般都是知名大学。因为这些知名大学名气大,号召力、影响力也大。在历次学潮中,自然而然、约定俗成地形成了若干领头大学,如北京的北大和清华、上海的复旦和交大、江苏的南大、陕西的西安交大等。但是这些大学之间也互不服气,"宁当鸡头,不当凤尾"。如果北大的学生领头发动学潮,清华的学生不愿跟从;如果清华的学生领头发动学潮,北大的学生也不甘尾随。如果其他学校的学生发动学潮,北大、清华的学生不参与,一般闹不大。如果北大、清华的学生联手发动学潮,那事情就闹大了。因此,在北京地区发生的学潮,必须高度关注北大、清华学生的动向。在社会其他人员发动的闹事中,应当努力防止高校学生介入。一旦学生介入进来,闹事的政治色彩和组织动员程度就会大大增强,处理闹事的难度也会大大增加。

学潮的领头人物并不是经过民主程序推选出来的,而是在学潮中自发涌现出来的。在学潮初期打头阵的人往往是一些"勇敢分子"。在前台大轰大嗡的人未必就是学潮中的核心人物。在人心浮动、群情激昂的情况下，人们最需要的是理性的思考和现实的选择，而人们最喜欢听的恰恰是火上浇油的语言和推波助澜的主张。因此，一些偏激分子、勇敢分子和喜欢出风头的人常常成为学潮中的领头人物。

在学潮中，比较危险的是一些"勇敢分子"，真正难对付的是有较深政治背景的所谓"精神领袖"。

这些"勇敢分子"并不是学生中的优秀者。他们平时很不起眼，没有多少值得炫耀的资本，心情比较压抑。在和平环境和正常秩序下，这些学生很难出人头地。而学潮给他们提供了一个意外机会，他们希望在学潮的舞台上施展一下身手，出一出风头，改变平时不利的处境。对这种"无名小卒"来说，偏激口号使得他们一鸣惊人，"勇敢行为"使得他们一举成名。这些学生是人们常说的"二百五分子"，一旦闹起事来，便不顾利害，不知深浅，不管后果，"不撞南墙不回头"，经常会做出一些出格的具有较大破坏性的事情来。

还有些领头闹事的学生有着较深的政治背景，他们受到国内外某些敌对政治势力的支持，自觉地去充当这些政治势力的代言人，在学潮中扮演着"精神领袖"的角色。这些学生因为有人撑腰、有人指点、有人兜底、有人许愿，所以闹起事来有恃无恐。他们在学潮中常常发表比较系统的理论观点，提出一些纲领性的政治要求，热心于煽起敌对，制造怨恨，激化冲突，迷信于压力，执着于斗争，公开地与政府对抗、摊牌，用一些政府根本无法接受、无法办到的主张和要求，使谈判陷于僵局，把学潮引向极端，使得任何用和平方式化解纠纷、平抑争端的努力都不可能奏效。这些学生经历过不止一次学潮，闹事几乎成了他们的"第二专业"，越闹越会闹，越闹越敢闹。他们在学潮中的"名气"和在闹事中的"业绩"，最终成了向后台老板邀功请赏的资本和出国留洋的"通行证"。

　　在学潮的各种形式中，风险最大的是静坐和绝食。当成百上千的学生静坐在一起、聚精会神地闹事时，他们的要求会迅速升级，组织的严密程度会大大提高，随时都可能产生一些节外生枝的新点子、新主张。而且，在这种大庭广众之下，任何的教育、疏导、分化、瓦解工作都难以开展，难以奏效。绝食是学潮严重升级的信号，是孤注一掷、最后摊牌的行为。绝食所造成的"悲壮"气氛会赢得很多人的同情，造成强大的社会压力。处在饥渴困顿状态下的学生会进一步增长内心的激愤和对立情绪,任何意外事故都可能导致严重的后果。绝食静坐的现场就像一个大剧场,绝食静坐的学生如同演员,围观助威的人们如同观众。演员看到观众喝彩只好起劲地往下演,观众看到演员起劲地演出也不好退场,这种转不出来的"怪圈"使得学潮得以延续下去。

近年来,互联网的广泛应用为学潮增加了全新的动员方式、串联方式、传播方式和协调指挥方式。互联网的快捷性、互动性、自发性、随意性、匿名性、秘密性,使得学校和政府很难掌握学潮的真实信息,也难以进行有效的疏导和控制,使得学潮在神不知、鬼不觉中突然发生,搞得人们措手不及。在全球化、信息化、网络化的条件下如何应对学潮,成为一个更具挑战性的课题。

处理学潮应把握哪些原则

对于学校领导来讲,如何处理学潮,这是一个责任极大、困难极大、风险极大的事情,是一个很难逾越的"雷区"。

如果是因为校内事务引发了学潮，学校领导无疑要承担主要责任，同时也有必要的条件和手段自主地加以处理。即使处理有些纰漏，也对社会影响不大。如果是因为社会政治问题引发了学潮，学校当局夹在学生和政府中间，处境非常困难和窘迫。学生针对政府提出的种种问题和要求，是学校领导难以回答和解决的。而学潮的发展变化，也是学校领导难以调控的。一方面，学校作为政府管理的下属单位，必须坚决贯彻上级的指令，迅速果断地平息学潮；另一方面，学校作为教育机构，学校领导作为学生的师长，又必须关心爱护学生，立足于教育、争取每一个学生。如果对待学潮态度不鲜明，处理不得力，造成了大乱子，学校领导难辞其咎，势必招致上级的不信任。反过来，如果对学潮处之过急，对学生出手太重，势必遭到师生的反感，被指责为"镇压学生的罪魁祸首"。即使眼前这一关闯过了，以后学生也会存心和你作对。毛主席讲：凡是镇压学生运动的人都没有好下场。这句话耐人寻味。

对于如何对待少数人闹事，毛主席在《关于正确处理人民内部矛盾的问题》一文中提出了明确的思路：

"我们是不赞成闹事的，因为人民内部的矛盾可以用'团结—批评—团结'的方法去解决，闹事总会要造成一些损失，不利于社会主义事业的发展。

"我们应当注意的是：（一）为了从根本上消灭闹事的原因，必须坚决地克服官僚主义，很好地加强思想政治教育，恰当地处理各种矛盾。只要做到这一条，一般地就不会发生闹事的问题。（二）如果由于我们的工作做得不好闹了事，那就应当把闹事的群众引向正确的道路，利用闹事来作为改善工作、教育干部和群众的一种特殊手段，解决平时所没有解决的问题。应当在处理闹事的过程中，进行细致的工作，不要用简单的方法去处理，不要'草率收兵'。对于闹事的带头人物，除了那些违犯刑法的分子和现行反革命分子应当法办外，不应当轻易开除。在我们这样大的国家里，有少数人闹事，并不值得大惊小怪，倒是足以帮助我们克服官僚主义。"[①]

改革开放以后，邓小平同志针对学生闹事有过多次谈话，阐述了处理的原则和方法：

（一）中国一定要坚持改革开放，这是解决中国问题的希望。要改革开放，就一定要有稳定的政治环境。

[①]《毛泽东文集》，第七卷，第236～237页，人民出版社，1999年。

中国人多，如果今天这个示威，明天那个示威，三百六十五天，天天会有示威游行，那么就根本谈不上搞经济建设了。

中国不允许乱，不能再折腾，不能再动荡。凡是妨碍稳定的就要对付，不能让步，不能迁就。这是大道理，要管许多小道理。

(二)处理学生闹事，领导要旗帜鲜明、态度坚决，这样，群众才能擦亮眼睛。

(三)对学生闹事，要以教育引导为主。不能只用拍拍肩膀的办法，要把是非讲清楚，要把利害讲清楚。是非是涉及我国根本利益的是非，利害是关系到我国社会主义发展能不能达到本世纪目标和下个世纪目标的重大利害。一切反对和妨碍我们走社会主义道路的东西都要排除，一切导致中国混乱甚至动乱的因素都要排除。要用这个道理教育人民，特别是青年学生。

如果破坏社会秩序，触犯了刑律，就必须运用法律手段坚决处理。

如果有人要制造流血事件，我们的方针是首先揭露他们的阴谋，尽量避免流血，宁可我们自己人被打伤。对为首闹事触犯刑律的要依法处理。不下这个决心是制止不了这场事件的。如果不采取措施，我们后退了，以后的麻烦会更多。

（四）在学潮之后，我们要首先清理自己的错误，着眼自己的问题。对群众的一些行动要谅解一些，处理要适度，涉及面不要太广。

基于改革开放以来处理学潮的经验教训，学校领导在应对学潮时应当把握以下十条原则：

其一，应对学潮的基本方针，应当是坚持疏导为主，严格依法办事，加强综合治理，把"晓之以理，动之以情，导之以轨，绳之以纪"很好地结合起来。

其二，处理学潮必须"快刀斩乱麻"，勇于负责，快速决断，及早处理，力求把学潮消除在萌芽，消化在基层。处理得越早越主动，付出的代价越小。但处理措施必须得当、适度，软弱无力难以奏效，过火过激容易反弹。如果见事迟，抓事慢，畏首畏尾，犹豫不决，那就会贻误时机。当学潮形成气势，不得不进行"两军对垒"式的谈判时，付出的代价就大多了。

其三，必须高度警惕地下非法组织的活动和外部政治势力的介入，制止跨地区、跨学校的串联，不能允许非法组织合法化。紧紧盯住闹事的领头人物，通过多种途径和方式，连续不断地开展说服教育、规劝制止、争取分化的工作，讲明是非、利害、政策、前途，争取使他们自己觉悟，回心转意。

其四，不但要大力开展思想政治教育，而且必须发挥党团组织的组织优势。对党员、干部、学生骨干，要及时通报情况，传达上级精神，明确任务要求，规范他们的行为。用政治统一性和组织纪律性保证上级精神的贯彻落实。

其五，必须以求真务实的态度对待学生提出的意见要求，分清情况，区别对待。对于学生的正当要求，能办即办，不要拖延。对于学生的批评意见，即使言词激烈，也要耐心听取，从中吸取合理成分，切实改进我们的工作。对于那些"全盘西化"的主张和各种无理要求，必须旗帜鲜明地加以反对，同时也要着眼教育，讲明道理，讲清利害。我们既不能穷于应付具体问题而放松了政治上的警觉性，也不能因为有人鼓吹"全盘西化"的主张而专注于政治斗争，看不到我们工作中的缺点，不去解决应当解决的实际问题。

其六，必须建立以学校党委为中心的统一高效的应对学潮的指挥系统。处理学潮如救火，必须信息畅通，政令畅通，统一指挥，统一行动，防止多方干预，政出多门，打乱仗。

上层领导对学潮应当有鲜明的态度，及早制定工作方针，为基层提供有力支持和坚强后盾。

1989年政治风波的一条沉重教训，就是某些高层领导态度暧昧、意见分歧、方针不明，在学潮兴起并迅猛蔓延的前一周内，高层几乎没有任何指令，也不曾直接听取大学党委和校长的意见和建议，甚至有的领导人想撇开学校党委系统去另外寻找途径，以致错过了解决问题的最佳时机。

在学潮发生时，许多上级领导部门都到大学去了解情况、观察现场、协助工作，这有利于领导机关掌握第一手资料，适时提出对策。但如果协调不好，可能不但帮不了忙，反而添乱。由于各个部门的职责任务不同，考虑问题的角度不同，对情况了解的深浅不同，因而看法也不尽相同。当遇到紧急情况需要快速决断时，因为有许多领导部门的要员在场，学校党委需要左顾右盼，多方请示，反复商量，常常因为意见不一或责任不清而延误决策，造成"三个和尚没水吃"的局面。

其七，上级主管领导对学校党委要"多支持少干预，多体谅少指责"；学校党委对上级主管领导要"多汇报，少请示"。

学校党委处于应对学潮的第一线，面对学生的工作，要依靠学校的力量去做，这是任何其他力量难以取代的。上级的精神如果照本宣科地向学生传达常常难以奏效，需要学校党委经过理解消化后"翻译"成便于学生接受的语言；上级的指令也需要学校党委结合具体情况转化成可以操作的细则。学潮中碰到的许多新情况、新问题，需要学校党委随机应变，自主处理。

作为处理学潮的直接责任人，学校党委必须拥有必要的自主权和应变力，不仅校内力量应当由党委统一指挥，而且外面派到学校协助工作的人员也应由党委加以协调。

在学潮中，学校党委要和上级主管部门随时保持信息畅通，多汇报，讲真情，使领导部门及时掌握学潮动向和工作情况。为什么要"少请示"呢？一是因为学潮中许多应急处理方案来不及请示，只能"先斩后奏"；二是因为处理学潮责任重大，向谁请示就意味着请谁做主，由谁负责。在处理学潮的过程中，上面的信任和理解往往比批示和指令更可贵，对学校采取的某些变通性和探索性举措，上面的默认比明确表态更有利。学校党委作为学校的主要政治责任者，应当勇于承担责任，担当风险，主动为上级分忧解难，避免矛盾上交。作为一线的指挥员,不能用"请示"的办法来逃避自己的责任,遇到棘手问题便先请示上级"怎么办",如果麻烦解决了,自己也有一份功劳;如果事情办糟了,便把责任推卸给上级。在处理学潮中,这种"聪明人"多了一定会出大问题。但是,"少请示"不等于不请示,对一些重大政策性难题,应当主动请示,不能擅作主张。

其八,必须组织一支精干有力的现场工作队伍。这支队伍应当由学生的辅导员、班主任、导师、基层党团组织和学生会干部以及学生骨干组成。他们经常生活在学生之中,熟悉人头,了解学生的特点,便于接近学生。在熟识自己的老师和同学面前,闹事的学生会有所顾忌、有所收敛。

现场情况千变万化,现场工作人员"身陷重围"之中,工作是最辛苦、最困难的。对现场工作队伍应当充分信任,适当授权,使他们能够放心大胆地工作,机智灵活地作战,"将在外,君命有所不受"。在快速反应中,他们说点错话、办点错事,是在所难免的,只要把准方向、守住底线,有利于息事宁人、缓解事态,那就是成绩,就应当肯定和鼓励。绝不能抓住他们在现场处置中发生的某些小差错说三道四、乱加指责,否则,就没有人愿意去做现场工作了。

在学潮期间,学校的党委书记和校长应当全力以赴坐镇指挥,运筹帷幄。但在学潮初始、学生情绪对立、气势很旺的情况下,作为学校的一把手不能轻易出阵,轻易到闹事现场去进行对话。因为在那种狂躁有余、理性不足的氛围中,书记、校长出面未必就能解决问题,反而可能引起哄闹,招致羞辱。正像下象棋一样,将帅不能轻易出马。学校的党委书记和校长是学校中最后的也是最重要的一张牌,如果这张牌打出去失灵,下面的棋就被动了。

其九,在涉外学潮中,应当注意保护和引导学生的爱国热情,促进学生行为与政府行为的良性互动。近年来因为涉外事件引发了多次学潮,今后这类事情也难以避免。在外交问题上,学生的立场与政府的立场基本上是一致的,为什么有时会引发学潮,甚至发生转向,从对外抗议转化为与政府的冲突呢?

在关系国家主权、民族尊严、国民利益的重大外交事件面前,青年学生不可能不闻不问,如果学生无动于衷那是令人悲哀的。他们要集会、要游行、要发声明、要搞抗议,完全是情理之中的事情。如果此时此刻学校领导要求学生"只要好好读书就是爱国,外交上的事相信政府会妥善处理的",必然会引起学生的不满。学校和上级部门应当因势利导,留个"出气孔",让广大学生合理合法地表达自己的爱国热情和正当要求。如果担心出事而把所有的"出气孔"都堵住,就会适得其反。没有合法渠道,就会产生非法渠道。官方组织不去组织引导,非法组织就会插手介入,从而导致矛头转向,失去控制。在过去的涉外学潮中,这样的教训不乏其例。在外交斗争中,民气可以推动政府,政府可以借助民气。官民配合、良性互动更有利于争取外交斗争的胜利。必须清醒地看到,外交上的冲突绝不是靠民众游行示威就能解决的,国际上强权霸权行为也绝不是凭赤手空拳就能抵抗的,归根到底,需要以国家的强盛作后盾,依靠政府有理有利有节的交涉才能奏效。国家的忧患、外部的刺激最终应当转化为广大学生自强不息、振兴中华的强大动力。

在1999年美国轰炸我国驻南斯拉夫使馆的事件发生后,广大学生义愤填膺,抗美浪潮一触即发。上级部门审时度势,允许学生进行合法游行。事发当晚,北大成千上万的学生在校内集会,上街游行。他们彻夜不眠,不辞辛苦,连续步行几十公里到美国驻华使馆前抗议示威,此情此景,确实令人感动和敬佩。在群众抗议浪潮持续了几天后，又适时引导学生回到校园。这样做，既让学生充分表达了爱国热情，支持了政府的外交斗争，又没有激化矛盾，引发冲突，这是民间外交和政府外交良性互动的一个很好的事例。

有些外国政府在外交斗争中，交替使用政府牌、议会牌、舆论牌、民间牌，目标一致，但扮演的角色不同，各有各的用途。我们应当研究借鉴这方面的做法。

其十，在对闹事学生的处理上，应当着眼教育、立足转化、放眼长远、宽大为怀。

在历来的社会动荡中，首先卷入的都是青年学生，在运动中最缺乏自控能力和自我保护能力的也是青年学生，而最终受害最多的还是青年学生。

对卷入学潮的学生，除了极个别严重触犯法律、造成重大破坏性后果的人必须依法处置外，对其他人都应采取教育挽救的方针，耐心细致，手下有情，多做思想转化工作，就像亲娘打孩子，吆喝得重一些，下手轻一些。即使那些思想偏激、行为出格的学生，真正对党和政府怀有深刻敌意、持有系统错误观点的人也极少。青年人来日方长，变化的余地很大，千万不要把他们看死了，更不要轻易开除，断了他们的前途和出路。如果草率行事，出手过重，不仅伤人多，而且后遗症大，为以后的学潮留下祸根。

要从根本上防止学潮，一是要切实改进马克思主义理论教育，在联系实际、回答问题上多下功夫。学习理论，必须遵照邓小平提出的"要精，要管用"的原则，既要讲马克思主义发展史，更要讲马克思主义中国化的最新成果，勇于引领社会思潮，敢于触及现实问题，大力提高马克思主义的引领力、说服力和战斗力。要大力纠正"党八股"作风，空洞抽象的调头必须少唱，教条主义必须休息，代之以新鲜活泼的风气和学生喜闻乐见的方式。二是要保持我国经济持续发展、社会和谐稳定的大环境，这种大环境的影响是任何课堂教育都难以达到的。三是对我国改革开放和现代化建设中面临的新情况、新问题以及党和政府采取的对策，高层领导和主管部门的负责人要直接到大学中向师生宣讲解释，听取意见，只靠学校的教师和思想政治工作人员是解释不清楚的。四是加强学校党团组织建设，提高党团员的政治责任感以及在群众中的威信，进一步发挥学生会、研究生会在学生"自我教育、自我管理、自我服务"中的作用。

大学何去何从

大学的社会功能是什么

　　大学不是世外桃源,并没有一成不变的大学理念。大学的理念之争,核心是如何处理大学与社会的关系。大学作为一定社会历史条件的产物,她的理念必须随着社会需求的变化而变化,她的社会功能必须随着社会的发展而发展。

　　自从11世纪欧洲创立大学以来,大学社会功能的变化大体经过三个阶段。第一个阶段,中古时代的大学,承担着单一的教育功能,传道授业,培养人才。第二个阶段,以19世纪初洪堡创建柏林大学为标志,大学拓展为两大社会功能,即人才培养和科学研究。第三个阶段,进入20世纪以后,特别是近半个世纪以来,大学日益广泛深入地介入社会生活,承担起人才培养、科学研究和社会服务这三大功能。其中社会服务这项功能，正在成为大学功能中新的增长点，成为大学之间竞争的战略高地。

美国学者克拉克·科尔在《大学的功用》一书中指出：现代大学是一种"多元的"机构——在若干意义上的多元：它有若干个目标，不是一个；它有若干个权力中心，不是一个；它为若干种顾客服务，不止一种；它不崇拜一个上帝；它不是单一的、统一的社群；它没有明确固定的顾客；它标志着许多真、善、美的幻想以及许多通向这些幻想的道路；它标志着权力的冲突；它标志着为多种市场服务和关心大众。应当称它为多元大学。

第二次世界大战以后，依托斯坦福大学而诞生的硅谷的崛起，标志着大学与社会的关系发生了革命性变化。大学从社会舞台的边缘逐渐走向社会舞台的中心，成为推动经济社会发展的强大发动机。近年来，在著名大学周围兴起了许多科技园、工业园，如美国的硅谷、英国的剑桥工业园、日本的筑波工业园、印度的班加罗尔软件园，还有我国北京的中关村科技园区和台湾的新竹工业园，等等。这些园区，凭借大学和科研机构的学科优势、人才优势、创新活力和文化氛围，以科技企业为龙头，以产、学、研结合为特点，成为世界上最有活力的创新创业基地,成为知识经济的领头羊,源源不断地孵化出高新技术成果,孕育出许多明星科技企业。斯坦福大学没有因为硅谷的兴起而干扰了学术,反而声名大振。剑桥大学也没有因为工业园的创办而失去光辉,反而活力大增。

"知识经济"这一新型经济形态的诞生,第一次把"知识"和"经济"这两个彼此分离和独立的概念密切结合在一起。知识经济本质上就是高科技经济、高文化经济、高智力经济。知识经济化、经济知识化成为当代不可逆转的潮流。知识成了最重要的生产要素,知识密集型企业成了最有前途的主导产业,知识化劳动者成了创造社会财富的主体力量,知识创新成了社会可持续发展的动力源泉。大学和企业的边界变得越来越模糊了,彼此渗入到对方的传统领地,承担起对方的某些职能。大学不只是在创造和传播知识,而且把知识转化为现实的生产力;企业不仅在制造产品,而且成为技术创新的主体,担负起培训人才的职能。

在现代企业中,科技决定着产品的品质,文化决定着产品的品牌,产品中的科技文化含量构成了企业的核心竞争力。如果说,中古时期的大学必须处理好与教会的关系,工业化时期的大学扩张必须得到政府的强力支持，那么知识经济时期的大学则必须与现代企业结成密切的同盟。

当今世界的著名大学，都担负着多重社会功能：一是人才的摇篮，二是知识创新的前沿，三是推动科技成果转化的基地，四是社会的思想库和智囊团，五是民族文化的圣地和多元文化对话的平台。

现代社会的理念就是：结合才有活力，服务才有价值，双赢才是最佳结果。大学如果不与社会结合，不为社会服务，那就注定没有动力、没有压力、没有活力，也没有财力。那种所谓"纯粹大学精神"、"无条件大学"的设想，绝对的大学自治、自由、超然、独立的理念，过去一千年从来没有实现过，今后一千年也不可能成为现实，只不过是可望而不可即的"乌托邦"理想。

我国改革开放以后，邓小平提出："教育要面向现代化，面向世界，面向未来。"这"三个面向"是具有远见卓识的教育理念，指明了我国教育改革发展的战略方向。按照"三个面向"的要求，大学应当处理好三个关系。一是同现代化建设的关系。大学必须面向国家现代化建设的主战场，为现代化建设提供可靠的智力支持和人才保证。二是同世界的关系。大学必须树立开放观念，具有世界眼光，善于学习借鉴国外先进的科技文化成果和办学经验，开展文明沟通，实行知识共享，发展对外合作。三是同未来的关系。大学首先要适应当前社会的需要，这是生存的前提。同时，大学又必须保持适度的独立品格和批判精神，勇于突破时代精神的局限，以引领社会发展。如果大学脱离社会现实，与世隔绝，就会被边缘化；如果大学一味迎合社会，随波逐流，过分世俗化，就会失去面向未来的品格。

科教兴国战略是我国现代化建设的长期而基本的战略，它既是大学施展身手的广阔舞台，也是大学发展振兴的难得机遇。这一战略的理论基础是"科技是第一生产力"、"人才是第一资源"。实施这一战略的前提条件是把教育放在优先发展的战略位置。这一战略的主旋律是实行教、科、经相结合，产、学、研相结合。我们的大学必须以科教兴国为崇高使命，大力提高自己的人才培养能力、科技创新能力和社会服务能力，在回答和解决我国社会主义现代化建设所面临的重大理论问题上和实际问题上有更大的贡献。

当前，我国的大学在办学思想上固然存在着前瞻性不够、超越精神不足的问题，但制约大学发展的突出问题仍然是与社会实际脱节，社会服务能力不强，在经济社会发展的主战场上作为不大。在人才培养上，应当以质量为生命，在提高学生全面素质的基础上，着重提高实践动手能力和创新创业精神。在科学研究中，应当以"顶天立地"为原则。"顶天"就是注重原创性、突破性，"立地"就是注重实用性、实效性，防止上不着天、下不着地。在科研导向上，应当以服务国家发展战略为第一选择，而不能被"SCI"（科学引文索引）、"EI"（工程论文索引）牵着鼻子跑。如果不能为富民强国、民族振兴作出一流的贡献，那就称不上是中国的一流大学，如果连中国的一流大学都称不上，又何谈创建世界一流大学呢？

大学要不要多元筹资

中国的基本国情之一是穷国办大教育，经费短缺将是长期困扰大学的一大难题。

我国的公立大学，长期依靠单一的政府拨款维持学校的运行。在1995年以前，大学普遍面临着严重的财政困难。当时北大、清华每年只有一亿元左右的行政事业费，"养家糊口"都很勉强，建设发展没有资金，更缺乏机动经费去改善教师的待遇。当时北大从日本东京大学招聘到一名优秀年轻教师，当他第一个月去领取工资时，七扣八扣，所剩无几。他质问学校领导："这是我的薪水，还是发的小费？"

面对这种困境，我们的大学要不要多渠道筹措办学经费？能不能利用市场机制开展合法的经营创收活动？我认为答案应该是不言自明的。

在国外，大学多元筹资早已是名正言顺、习以为常的事情了。一些知名大学，都有强大的筹资中心、丰富的筹资经验和巨大的筹资能力。大学校长的主要任务之一就是筹措经费。学校董事会把有没有筹资能力作为聘任校长的一个重要条件，把筹资多少作为衡量校长业绩的一条重要标准。哈佛大学从1953年到2006年，历届校长几乎都是由社会名流、政府高官、筹款专家担任的。目前哈佛大学有300亿美元的基金，可谓"富可敌国"。即使这样，校长仍然花很多时间在国内外奔波，进行筹款旅行游说。密歇根大学校长柯曼上任之初就宣布，五年内要为学校筹资25亿美元，他为此发动了大规模的筹款运动。伯克利加州大学校长田长霖治校的一项重要业绩，就是提升了学校的筹资能力。我曾当面请教田长霖校长对多元筹资的看法，他说:"大学筹款是绝对必要的。当我做校长时,筹款实际上占了我大部分时间。筹款不是要钱,筹款的秘诀是如何将自己学校的使命和贡献与公众和其他机构沟通,向社会开放,推进与社会的合作。如果沟通得好,人们就愿意给钱。企业家比校长更精明,如果大学不能为企业提供帮助、作出贡献,他是不会捐款给学校的。"

国外大学所以把筹款作为校长的重大职责,道理很简单:如果没有足够的资金,没有良好的教学科研条件,没有比较优厚的待遇,那就不可能请到"大师",不可能产生高水平的成果,也不可能招收到一流的学生。

我国大学的财政困难,主要原因是投入不足,但大学自身管理不善、市场观念薄弱、经营能力不足也是不可忽视的因素。在大学中到处都能看到这种现象:一方面是资源短缺,另一方面却是资源闲置和浪费。许多社会和市场急需的资源如人才、科技、知识、信息等,被旧观念、旧体制束缚着,不能充分释放出来,以至于"抱着金饭碗讨饭吃"。因此,我们不但要善于建设大学,而且必须善于管理大学、经营大学,提高大学的综合效益。

我国大学的多元筹资活动最初是因困境所迫，被"逼上梁山"的，是在一片争论和指责声中起步的。长期的计划经济模式使大学养成了"等、靠、要"的依赖心理。"君子喻于义，小人喻于利"的儒家观念影响使许多教师认为，谈钱是不高尚的，赚钱是不光彩的，金钱、营利、市场、经营、创收这些观念应当拒绝在大学之外。其实，不谈钱不等于不需要钱。在现实的社会条件下，大多数教师可以"乐道"，但不可能"安贫"。"人往高处走，水往低处流"，优秀人才总会向着条件更好、待遇更高、更能实现个人价值的地方流动。作为大学领导，如果不千方百计去改善办学条件，提高教师待遇，那就不可能稳定队伍、吸引人才。在大学中，人人创收、系系创业、公司林立是绝不可取的。为了使多数教师安心从教，能够"上山"去攀登科学文化高峰，就需要分流一小部分人去"下海"，从事开发、经营、创收、筹款。为了让广大的知识分子能活得"体面"一些，"清高"一些，尽量减少"钱"的困扰，那么学校的领导就需要放弃一些"体面"和"尊严"，去四处找"钱"。这并非是"不务正业"，恰恰是为了"保住正业"。

大学多元筹资的现实途径有这样几条：一是多渠

道争取政府投入，不论是中央政府还是地方政府，不论是教育主管部门还是其他政府部门，都有专项资金、机动经费或是具有含金量的政策措施，需要学校去努力争取；二是多方位争取科研经费，包括纵向的和横向的，政府项目或是社会民间项目；三是挖掘办学潜力，开展人才培训，合理收取学费，开拓办学收入；四是发展社会合作，加强社会服务，推动科技成果转化，兴办校办科技企业，盘活学校资源，努力把无形资产转化为有形资产；五是利用校友渠道，加强海内外沟通，积极争取企业、社团和个人的捐赠。

　　天无绝人之路，世上的路都是人走出来的。我国大学的多元筹资活动虽然起步晚，筹资能力和筹资规模同国外的大学还远不能相比，在筹资中也有不少弯路和教训值得反思，但重要的是这条路子已经蹚出来了。今天，人们对大学筹资的认识同十年前大不相同了，不只是少数大学在搞，而是几乎所有大学都在搞；不只是作为临时措施，而是成为长期行为。它不仅弥补了大学的经费不足，缓解了部分财政困难，而且有力地促进了大学与社会的密切联系，增强了大学的服务意识和服务能力。

产、学、研结合要不要实行

实行产、学、研相结合，或是官、产、学、研相结合，这是当今世界新型科技园地和工业园区取得成功的一条基本经验，是推动科技创新、促进科技成果产业化的重要体制保证，也是教育体制改革、科技体制改革和经济体制改革的一项重要内容。

我国在上世纪90年代初才开始使用"产、学、研结合"这一概念。然而对这一概念的内涵和产、学、研三方的功能定位，存在着不同的认识，更没有从国家创新体系的高度来认识它的重要价值。

产、学、研相结合，并不是就教育系统内部教学、科研和生产劳动的相互关系而言的，而是指在科技创新体系中企业、大学和科研机构的相互关系。是实行产、学、研相结合，还是学、研、产相结合，或是研、学、产相结合，这不是概念游戏，也不是简单的排序问题，而是关系到在科技创新体系中由谁来担当主体的问题。

企业、大学、科研机构，这是科技创新的三大支柱，过去由于种种原因，导致三者相互隔裂、定位不清、目标不一，造成了我国创新能力不足、创新效率低下。如何在政府的主导和推动下，促进三者的有机整合和良性互动，形成富有活力和效率的科技创新体系，这是教育体制改革、科技体制改革和企业体制改革中亟待解决的一个问题。

经过长时间的争论和酝酿，我国终于确立了科技体制改革的目标，理顺了产、学、研的关系。2006年1月《中共中央国务院关于实施科技规划纲要增强自主创新能力的决定》明确指出："增强自主创新能力，关键是强化企业在技术创新中的主体地位，建立以企业为主体、市场为导向、产学研相结合的技术创新体系。"实行这一体系，必须充分发挥政府的主导作用，充分发挥市场在科技资源配置中的基础性作用，充分发挥国家科研机构的骨干和引领作用，充分发挥大学的基础和生力军作用。

在我国，大学办工厂、办车间、办企业已有半个世纪的历程，经过了几起几落的曲折。1958年前后，在"教育与生产劳动相结合"的方针指导下，大学办了一批工厂、车间，主要是作为学生的实践教学场所和劳动锻炼基地。到60年代初，这些校办工厂和车间大多衰落了。在"文化大革命"中再次兴起了大学办工厂的热潮，这些校办工厂是在当时"校办工厂、厂带专业"的思想下兴办的，既是学生以干代学的场所，也是教师劳动改造的阵地。当时北大的电子厂、制药厂，清华的机械厂、电子厂，都形成了一定的规模和效益。在"文革"结束后，随着教师回归教学科研岗位，这些曾红火一时的校办工厂大部分瓦解了。

1985年以后，在改革、开放、搞活的社会背景下，在北京的中关村地区，大学和科研机构的一部分专家教授开始"下海"，领头创办科技企业。当时，这些企业受到计划经济和社会舆论的双重夹击，在夹缝中求生存，处境十分艰难。然而，由于这些企业具有自主研发的科技成果，采取公有民营的机制，按照市场体制运行，较之国有企业有较大的灵活性和自主权。它们在市场竞争中经受着严峻的考验，起起落落，不断更新，大浪淘沙，九死一生，终于成长起了若干个知名的高科技企业，如联想、方正、紫光等，锻炼出了一批优秀的科技企业家。在全国各地都有一批由大学和科研机构创办的科技企业相继问世。这些大学创办的科技企业，不仅促进了科技成果向生产力的转化，在不同程度上支持了办学，扩大了大学对社会的贡献和影响，而且推动了教育体制、科技体制和经济体制的改革，逐步探索出了一条以市场为导向的产、学、研相结合的道路，功不可没。尽管它们在探索中有许多缺点和失误，但都不能抹煞它们的体制创新价值和对现代化建设的积极贡献。

过去，我国的科技研发力量和科技成果主要集中在大学和科研机构中。绝大多数国有企业无研发力量，无研发活动，也无研发经费，创新能力严重不足。它们即使承接了一些科技成果，但由于自身缺乏消化吸收能力，不能面对市场变化从事后续的研发，要么这些成果不能成活下来，要么在市场竞争中很快落伍。因此，由大学和科研机构直接创办科技企业，这是中国的国情所决定的，有着不可替代的作用。那种以"外国大学并未创办科技企业"为由来否定中国大学创办科技企业是不能成立的，外国大学不办的事难道中国大学就不能办吗？

大学科技企业成活的关键，在于实行两种人才的密切结合，即有市场眼光的科学家与有科学眼光的企业家的密切结合。如同在产、学、研体系中谁应当成为主体一样，在大学科技企业中，科学家和企业家究竟以谁为核心呢？

不少大学和科研机构的科技企业常常因为科学家

与企业家吵架而招致失败，他们从最初的同心同德演变为同床异梦，进而同室操戈，最终导致企业败落，同归于尽。其中的一个重要原因就是因为职责不清、角色错位。

先进的科技成果是科技企业安身立命之本，科技创新能力是企业保持活力的源泉，因此科技企业没有科学家的支撑是不行的。然而，企业是市场竞争的主体，企业家作为面对市场的一线指挥官，在企业中起着核心作用。以企业家为核心就是以市场为导向的同义语。只有企业家才能把各种生产要素有效整合起来，形成现实的生产力。如果说科学家的责任是实现科技成果向产品的第一次跳跃，那么企业家的责任则是实现从商品到货币的第二次跳跃，这一跳跃是更加惊险的跳跃。如果这一跳跃不成功，企业的循环就中断了，那么摔坏的就不是商品，而是商品的所有者包括研发者。在大学中，教授科学家具有至尊的地位，而对企业来说，市场是第一位的，用户才是上帝。科学家追求水平，企业家讲求效益。科学家和企业家的价值目标和行为方式常常是不一样的，因此需要相互理解和尊重。企业就像大海中的一条船，在这条船上，只能有一个船长，那就是企业家。如果船上有两个船长，一个科学家,一个企业家,都想拥有指挥权,那就势必迷失方向,甚至翻船。

随着校办科技企业逐步发展壮大,必须及时进行现代企业制度的改造,建立健全的企业法人治理结构,形成对企业经营者的激励和约束机制,把独资经营的校办企业改制为股权多元化的股份有限公司或有限责任公司。否则,校方就会失去控制,校办企业也会失去活力。

十年的记忆

人们常说:"不想当将军的士兵不是好士兵。"这句话只能说说而已,不能当真。一个人做学问可以有明确的奋斗目标,比如奋斗个博士、当个教授等等。而一个人当干部是不能有个人奋斗目标的,因为当干部不是你想在哪里干就能在哪里干,想当多大官就能当多大官的,这只能是由组织决定,由人民选择。

人生的重大转折常常来自偶然。在我的工作经历中,几次重大的岗位变动都是突然降临,自己始料不及的。过去我从来没有想到过会去北大工作,更不曾想过做北大的党委书记。

我四十五岁进入北大,五十五岁离开北大。这十年来是我一生中自感责任最重、压力最大的时期,时刻有一种"如履薄冰,如临深渊"的危机感,但也是我精力旺盛、充满着创业激情的时期,能把这一段宝贵的年华贡献给北大是我莫大的缘分。这近十年的经历给了我许多美好的感受,留下了许多难忘的记忆。

沉重的使命

在1989年政治风波之后，中央对北大的领导班子做过两次重大调整。先是在1989年秋，委派吴树青、林炎志二同志分别担任北大的校长和党委副书记。一年之后，1990年11月，又决定委派汪家镠同志和我分别担任北大党委书记和副书记。

北大是一所极具精神魅力的著名高等学府，以引领思想潮流、勇开风气之先而享誉社会，是众多学者和学生向往的学术殿堂。然而对北大的领导者来说，北大犹如风浪中行驶的一条船，很难驾驭，弄不好随时可能翻船。回想过去在北大任职的领导人，"凶多吉少"，进北大的门容易出北大的门难，最终能够体面地走出北大的人不多。在政治运动频繁、多灾多难的时期，北大的领导者留有许多"外伤"和"内伤"，有不少难言的苦衷。

对于去北大工作，我疑虑重重，信心不足，确有"诚惶诚恐"之感。

北大是一所很开放、很包容的学校，不欺生，不排外。随着对北大了解的增加，我愈加感到北大的可敬可爱之处，逐渐融入北大，全身心地投入到北大的事业中。

　　1993年秋，汪家镠同志调任中共中央党校常务副校长。在1994年7月举行的中共北京大学第六次党代会上，我被选举为北京大学党委书记，成为北大的主要领导人。

　　坦率地讲，在北大历届主要领导之中，我是资历最浅、最不成熟的。过去北大主要的党政领导人，远的不讲，就拿新中国成立后来说，要么是著名学者、社会贤达，像马寅初、周培源、丁石孙等，要么是资深的政治家，在教育界享有很高声望的人，或是在北大摸爬滚打、有着深厚群众基础的人，如陆平、周林、韩天石、王学珍等。汪家镠同志虽然是从外面派进的，但她是北大校友，解放前是北大地下党的骨干，二十岁就做了北大共青团的书记，后来长期在北京主管青年工作和教育工作，不仅经验丰富，而且以处事稳健、待人谦和、大度宽容为人称道。而我本人既非学者名流，也无政治资历，又是在特殊背景下从外边派进的，出任北大党委书记真是"阴差阳错"的结果。我想，北大的党员所以推选我做党委书记，或许正是因为我没资本也就没有包袱，可能更加敢想敢干，没有老本可吃只能奋力向前,说不定能冲出一个新局面来。在上任之初我接受记者采访时说过,我只是北大的一个"过渡性人物",这句话虽然受到上级批评,但确实是我当时内心的真实想法。

我国大学实行的领导体制是党委领导下的校长负责制,党委是领导核心,党委书记是第一政治责任人,是主要决策者。清华大学的老校长刘达同志曾说过,清华、北大的领导人必须能"通天",国家领导人的门能踢门就进,有话直说。北大的一位老领导也说过,做北大的党委书记,应当有省委书记的水平,有支部书记的作风。我"自惭形秽",自己哪有这样的资格和水平!有些朋友劝告我,北大是个是非之地,在北大当头,不求有功,但求无过,最好的自我保护办法就是"优柔寡断"。优柔就是做事不能急,多一点柔性,多一些民主;寡断就是少断,这样犯错误的机会才少。而我的做事风格既不会优柔,也不想寡断。在北大的干部会上,我不止一次地引用毛泽东的两段话,一段是:"多少事,从来急,天地转,光阴迫,一万年太久,只争朝夕。"另一段话是:"什么是工作,工作就是斗争。那些地方有困难、有问题,需要我们去解决。我们是为着解决困难去工作、去斗争的。越是困难的地方越是要去,这才是好同志。"① 这两段话正是我接任北大党委书记时的心态写照。我觉得,个人安危事小,北大兴衰事大。如果以不出事为原则,那就什么事也别干,这样的领导有什么价值呢?岂不辜负了上级的信任和北大师生的期望!

调整角色,转变形象

对于如何办好北大,我当时并没有系统的思路,只能"摸着石头过河",但是有几点想法我是非常明确、非常坚定的。

其一,北大必须停止搞运动,制止闹学潮。

过去北大的政治运动太多了,而且一搞起来就很凶,来回翻烧饼,伤害的人太多了。在20世纪80年代中后期,北大几乎年年闹学潮。当时社会上流行着一种说法,"全国稳定看北京,北京稳定看北大",闹学潮成了北大的一大景观,有些学生也把闹事看作北大革命精神的体现。频发的学潮不仅影响了大局稳定,而且使北大付出了重大代价,严重损害了北大的社会

---

① 《毛泽东文集》(一卷本),第1059页,人民出版社,1969年。

形象，以致有些用人单位把北大学生与喜欢闹事划等号，毕业生的就业、晋升也受到了影响。如果说"五四"时期北大以发动学潮、引领反帝爱国运动而名声大振，那么在今天我国已转入以经济建设为中心的环境下，再去挑头闹学潮就是不识时务、不顾大局了。大学应当是社会的教育中心和科学研究中心，而不能去充当社会的政治中心。北大必须下决心不再搞运动，不再闹学潮，不再搞大批判。邓小平说"稳定压倒一切"，这对北大来说具有极大的现实意义。在新时期，北大必须重塑自己的社会形象，不能靠搞运动而出名，而应当靠搞建设而出名，安下心来，聚精会神、扭住不放地搞建设。实践证明，只用政治的思想的手段是解决不了稳定问题的，必须综合治理。对执政者来说，建设才是最大的政治，只有高举起建设的大旗，才能赢得政治上的主动，才能争取人心，团结最大多数人。

其二，北大必须调整自己的社会定位，转变自己的社会角色。

过去的北大总嫌过于自大、过于清高、过于图慕虚名了一些，在世人面前常常摆出一副与众不同的姿态、咄咄逼人的气势，为此吃了不少亏。今后的北大，必须摆正与社会的关系，不能总是以社会的指导者、旁观者、评论者的面目出现，站在社会之上去指点江山，激扬文字，以"北大之是非来论天下之是非"了，而应当努力消除北大与社会的鸿沟，贴近社会，贴近生活，更加平实，更加合群，在与群众结合、为社会服务的过程中去展现自己的优势，在科教兴国中去实现自身的价值。

其三，北大必须走改革之路，以改革求生存、促发展。

北大的优势和劣势往往都在一个"老"字上。"老"是财富，也是包袱。蔡元培先生作为现代北大的奠基者，为北大留下了许多永恒的精神，应当发扬光大，丢掉的应当拣回来。但新世纪的北大不能完全回到蔡元培，必须敢于发展和超越。北大面临的矛盾千头万绪，但基本矛盾是"不适应"，即现有的办学理念、系科布局、体制机制、政策措施，在许多方面不适应改革开放的形势，不适应世界教育改革的潮流。解决"不适应"问题，根本出路在于改革。对待社会问题，北大常常扮演一个"革新者"的角色，而对自身的积弊又往往囿于传统，不敢触动不合时宜的老观念、老机制、老办法。北大如果不下决心革新自我，必然失去活力，在安逸中走向衰落。人们不怕眼前的困苦，就怕苦尽而不能甘来。

其四，北大必须改善办学条件，让师生得到实际的利益。

北大的建设欠账太多，教师的待遇实在太低，学生的学习、生活条件更是说不过去，同一流大学的地位很不相称。外边的人到北大来，只要在未名湖周围转转，看到几乎所有的楼房都破旧不堪。有的学生曾上书学校领导，说在北大生活，吃一次饭、洗一次澡、占一个教室和图书馆的座位，都像是一场战斗。这些师生员工的切身利益问题是造成他们经常不满、引发学潮的一个重要因素。显而易见，北大面临的主要矛盾是"不满足"。办学投入不能满足学校生存发展的基本需要，办学条件不能满足师生员工日益增长的物质文化需求。解决"不满足"问题，当务之急是筹措资金，增加投入。不然，所谓吸引人才、发展学科都是空话。北大领导必须千方百计筹措经费，改善办学条件，除了积极争取政府的投入外，还要千方百计地开拓多元筹资渠道，盘活北大资产，把无形资产转化为有形资产，不能"抱着金饭碗讨饭吃"。君子生财有道，取之有方。

这些想法，简而言之，就是四句话：一要确保稳定,二要调整角色,三要大胆改革,四要筹措资金、多办实事。这四条不是空洞的宣言,而要实实在在地去做,一件一件地落实,力求做出实效来。

稳定才能搞建设,稳定才能想长远,稳定才能办大事。在上世纪90年代日趋稳定的环境中,在党和政府的支持下,经过广大干部和师生员工的共同努力,北大办成了几件具有长远意义的事情:

停止了对北大新生为期一年的军训,恢复了正常的教学秩序。

启动了"跨世纪人才工程",从校内外、海内外选聘了800多名博士补充教师队伍,扭转了师资队伍年龄老化、青黄不接、近亲繁殖的状况。

大规模开展学校基本建设,扩充校园,兴建校舍,使北大的教学科研用房和教工住宅在几年内增加了一倍。并通过人事分配制度的改革,初步改变了教师收入长期偏低的状况。

最值得一提的是成功地举办了庆祝建校一百周年的系列活动,为北大过去的一个世纪画下了圆满的句号,为新世纪的北大勾画了一幅美好的蓝图。从此,北大进入了一个大发展、大改革、大跨越的新世纪。

重要的里程碑

1998年北大的百年校庆，是北大发展史上一个重要的里程碑。

北京大学在戊戌变法中诞生，是中国第一所国立综合性大学。一百年来，尽管世事变迁，历尽沧桑，起落沉浮，但北大始终保持着在中国大学中的领军地位。相比其他世界著名大学，北大虽然在学术成就上并没有什么太值得炫耀的东西，但她作为中国新文化运动的发祥地和"五四"运动的策源地，作为中国最早传播社会主义思潮的基地和中国共产党最初活动的基地，对推动中国革命和社会的现代文明进步产生了巨大的作用和影响，这一点是其他大学难以企及的。有人说：如果没有北大，中国的现代史可能要重新改写。这句话不无道理。因此，北大的百周年纪念日，不仅是北大自己的盛大节日，也是中国高等教育的重大节日。北大的百年校庆，不仅是北大自己的行为，也应当是社会行为。

在如何举办百年校庆上，充分显示了北大人丰富的想象力和创造力，人努力，天帮忙，使很多美好的事情梦想成真。

近五万名北大校友从国内外返回母校，同在校的两万多名师生员工欢聚一堂。这种七八万人大聚会、大团圆的盛况是前所未有的。这不仅是北大巨大向心力的体现，也是国逢盛世、社会祥和的象征。

在人民大会堂举行一所大学的万人庆典，这是第一次。当时，200辆满载北大师生和校友的大客车一字排开，绵延数公里，一路绿灯，浩浩荡荡驶入天安门广场时，许多校友激动得热泪盈眶。众多国家政要、各界精英、中外著名大学校长参加了这一庆典。党和国家领导人江泽民、李鹏、朱镕基、李瑞环等全部出席。国家主席江泽民在庆典上发表精彩的演讲，他高度赞扬了北大百年来的巨大贡献，指出了面向21世纪高等教育改革发展的大趋势，第一次提出了中国将创建若干所具有世界先进水平的一流大学的宏伟构想。江泽民指出：必须坚持不懈地实施科教兴国战略，使科教兴国真正成为全民族的广泛共识和实际行动。我们的大学应该成为科教兴国的强大生力军。教育应与经济社会发展紧密结合，为现代化建设提供各类人才支持和知识贡献。这是面向21世纪教育改革和发展的方向。

江泽民满腔热忱地寄语当代青年：希望你们坚持学习科技文化与加强思想修养的统一，希望你们坚持学习书本知识与投身社会实践的统一，希望你们坚持实现自身价值和服务祖国人民的统一，希望你们坚持树立远大理想与进行艰苦奋斗的统一。

第一次举办了世界著名大学校长论坛。论坛的名称叫"21世纪的大学"。参加论坛的有国内外大学校长及其代表191人，特邀代表174人，共计365人。论坛围绕"21世纪大学的使命与作用"、"21世纪的教与学"、"21世纪大学与社会的关系"、"21世纪大学的管理与财政"这四大主题，展开了交流和研讨。美国的哈佛大学、伯克利加州大学、斯坦福大学，英国的牛津大学，德国的慕尼黑大学，日本的东京大学、京都大学，俄罗斯的莫斯科大学、圣彼得堡大学，以及中国的北京大学、清华大学、香港中文大学、台湾大学等40多位中外著名大学校长做了专题发言。李岚清副总理代表中国政府在论坛上致辞，他指出：高等教育发展的核心是学术和人才。大学在整合传统与现实、历史与未来、科学与人文、理论与经验、个人与社会的关系中，将起着十分重要的作用。知识包括科学和技术，在新世纪里将比以往任何时期发挥更大的作用。

他强调，中国政府将实行"科教兴国"战略，力争在下一个世纪有一批大学跻身世界一流大学行列。

校庆前夕，国家主席江泽民还亲临北京大学视察。他讲：大寿之前先暖寿，我是专门为北大百年大庆来暖寿的。在北大百年历史上，这是中国的国家元首第一次正式访问北京大学。

这次百年校庆搭建了一个科教兴国的大舞台，向世人展示了中国领导人尊师重教的开明形象和实施科教兴国战略的决心。

这次校庆使北大恢复了应有的光荣和尊严，外树形象，内聚士气。百年校庆的最大收获，就是使"创建世界一流大学"这个北大几代人的梦想变成了现实，从一个口号变成了国家战略，促成了"985计划"的出台。"985计划"就是国家创建世界高水平大学计划，它是为纪念江泽民主席1998年5月4日在北大百年庆典上的重要演讲而命名的。随着"211工程"（即教育部"面向21世纪教育振兴行动计划"）、"985计划"等国家项目的相继实施，北大迎来了一个前所未有的发展高峰期，学校的面貌发生了历史性的变化。

向世界一流大学进军

创建世界一流大学,不只是循序渐进的积累,而且必须有大的跨越;不只是自然而然的生长,而且必须经历一番自我扬弃、自我改造的艰难过程。老子讲:"孰能浊以静之徐清,孰能安以动之徐生。"原来面对混乱浑浊的状况,应当沉静下来,慢慢地澄清;而当安定之后,不应当懈怠、安逸,而应当除旧布新,再掀起新的生命的波澜。

"211工程"和"985计划"不仅是一项巨大的发展工程,而且是一项艰难的改革工程。实施这两大项目使北大在几年内新增了20多亿元的国家投资,这种投入力度是前所未有的。如果把这些资金注入到旧体制和旧结构中,不但达不到预期目的,而且会给今后的改革调整增加更大的难度。

随着"985计划"的实施,北大开始全面调整学科布局,重新配置资源,推进人事制度和分配制度的改革。从此,北大进入了一个风险水域,各种矛盾凸现出来。如同一切有着光荣历史的单位一样,北大这所百年老校也有着巨大的惰性,怀旧的情感渗透到学校的肌体之中，对昔日辉煌的留恋，对自身传统的陶醉，容易使人陷入一种"向后看"的思维状态。尽管现状有种种不尽如人意之处，人们也在经常批评它，但毕竟大家习惯了、适应了，要打破现状势必使所有的人一下子失去了安全感，不得不作出新的选择。就人们的心态讲，总是希望既保住旧体制下的利益，又能得到新体制下的好处。每个教师都熟悉和热爱自己的学科，要想从现有的学科中择优扶重，进行重新排序，那是何等艰难！特别是当实行竞聘上岗，把沿袭多年的以资历和身份为主的分配制度改为以岗位和效绩为主时，学校一下子失去了往日的平静。当时，首先实行人员分流，在职的6000多名教职工，一半人纳入人才激励范围，另一半人不能纳入，离退休的3000多人一律不享受岗位津贴。同时把现有岗位区分为三个级别、九个等次，最高的每月5000元津贴，最低的只有300元。然后实行公开的竞争上岗，高职可能低聘，低职也可能高聘。

"男儿有泪不轻弹，只因未到伤心处。"在利益和面子的重大得失面前，一些文化人也失去了往日的清高和斯文。有人拥护，有人反对；有人高兴，有人失望。写信的、上访的、告状的、网上发帖子的，陡然增多。事情就是这样,当人们看不到机会和希望时,心态是平静的;但当人们看到了机会和希望,而自己未必能得到时,情绪是最激动的。当时一些人对校方的指责并非出于个人恩怨,而是因为改革举措实施后人们受益不同,有人多得,有人少得,有人不得,有人先得,有人后得。但是,这种改革势在必行,一旦改革启动了,就必须迎难而进,硬着头皮挺住,一旦犹豫动摇,就会不可收拾。

这种改革并没有触动人们的既得利益,只是在增量中拉开了差距,它毕竟给多数人带来了好处,尤其给一些风华正茂、勇挑重担的中青年人才提供了脱颖而出的机会,使他们得到了更多的实惠。那些老教授、老学者是很不幸的,当他们处于创造力高峰时,吃的是平均主义大锅饭,干多干少一个样。而当今天实行岗位效绩工资时,他们又失去了竞争的优势,他们的失落不满是情理之中的。这并不是哪个人存心和他们过不去,而是旧体制造成的后果,这种历史的欠账是难以弥补的。

当时处于改革第一线、必须"蹚地雷"的是一些充满理想、锐气十足的中青年干部,他们厉行改革,奋不顾身。当改革就绪时,他们中一些人可能已经

"遍体鳞伤"了。在历史上，凡是改革者大抵都没有好下场，但愿我们这个时代能把这个历史逻辑颠倒过来。

在北大百年校庆之后，我感到自己作为北大"过渡性人物"的使命应当结束了，如何领导北大向世界一流大学进军，是自己力所不能及的。一些朋友这时提醒我见好就收，急流勇退，适时离开北大。我向国家教育部和北京市委的领导同志汇报了自己请辞的想法，他们诚恳的挽留和充满厚望的鼓励使我不好意思再坚持己见。"恭敬不如从命"，我只好在北大继续干下去。

经过长时间的酝酿，北京大学和北京医科大学的合并已经水到渠成。北大和北医大同宗同根，有着亲密的血缘关系。世界上的著名综合性大学，都有一所好的医学院，而世界上好的医学院，也都依托一所好的综合性大学。北大和北医大一旦合并，学科更加优化，综合实力更强，北京大学将成为一所完整意义上的综合大学。两校合并，两套领导班子合二为一，原来的领导干部势必有进有出，有留有转。

2000年3月，中央组织部发文，调我去江苏省委工作，免去北京大学党委书记职务。

在匆忙离开北大、回首十年时，我悟出了几点道理：

北大是永远的，而北大的领导干部是暂时的。北大的事业是国家和人民的事业，而没有个人的股份，对个人的进退留转应当看得淡一些。北大的舞台应当永远由最精彩的演员来演。

一个人在一个地方待久了并不好，往往待疲了，看不到积存的问题，失去了创造的冲动。要知道，你在解决问题的同时一定也在产生问题，你在积德的同时一定也在积怨。

本想在北大"短期服役"，不料一晃干了十来年。这期间，有些事情想对了、干成了，有些事情想干没干成，有些事情没有想对或没有干好。如果让我重干一遍，可能会干得更稳妥、更细致一些，缺憾会少一些，但也许找不到当初那种胆量和勇气了，其中的是非、功过、成败留给后人去评说吧！"一切成绩归功于党，归功于群众，一切错误应当由个人负责。"这句老话像是套话，其实是真正的大实话。如果没有中央、国务院以及教育部、北京市各级领导机关的信任、支持，没有北大干部和师生员工的努力奋斗，个人将一事无成。我先后同吴树青、陈佳洱、许智宏三位校长合作共事，非常感谢他们对我的支持和大度宽容。

在这期间我也有许多大大小小的失误、失策、偏颇和不周。

在一个干部刚刚离职时，很难说他有多少成绩或犯了多少错误，只有过一段时间才能看清楚。在干部任职期间能把事业推进到何种程度，既有赖于自身的努力，也取决于以往的基础和现实的环境。在干部的任期内，最重要的是消化解决历史遗留的问题，使前任的正确决策开花结果，在自己任内能够开拓新天地、实现新目标，同时为后任打下良好的基础，播下收获的种子。

使我感到欣慰的是，在20世纪90年代中，北大没有再乱下去，也没有衰落下去，而是由动荡走向了稳定，从争论趋向了共识，重建了秩序，恢复了生机。在这十年中，北大没有搞运动，没有发生大的学潮，没有发动大批判，没有乱整人。

2000年4月，北大和北医大举行合校大会，我有幸被邀请参加。当会议主持人介绍我到会时，会场上响起了长时间的掌声，我三次站起来鞠躬致谢。这掌声，不是简单的礼貌，而是北大干部师生的一片深情厚谊，我非常感慨，深为感动。

在北大经受的锻炼、积累的经验是我终生的财富，在北大结识的一批知识精英使我受益无穷，在北大结交的一批朋友也成为我一生中可信可靠的至交亲朋。北大给予我的东西远比我给予北大的东西要多得多，北大成了我的第二母校。从此，我同北京大学永远联系在了一起，我为同时拥有清华、北大这两所母校而感到自豪，我将永远沐浴在清华、北大的阳光中。